中国教育发展战略学会国际胜任力培养专业委员会课题《国际组织视角下跨文化沟通与谈判类课程实践教学研究》（编号：A202106）研究成果

本成果得到国家留学基金"高校国际组织师资出国留学项目"（编号：202309800027）资助

国际大学生商务谈判大赛（The "International Negotiation Contest for College Students"（INCCS））指定参考用书

|光明社科文库|

全球商务谈判挑战赛
如何赢得谈判竞赛

（德）雷米久什·斯莫林斯基　（德）詹姆斯·巴彻勒·杜◎著

张守刚　毛凡宇◎译

光明日报出版社

图书在版编目（CIP）数据

全球商务谈判挑战赛：如何赢得谈判竞赛／（德）雷米久什·斯莫林斯基，（德）詹姆斯·巴彻勒·杜著；张守刚，毛凡宇译. —— 北京：光明日报出版社，2023.7
ISBN 978-7-5194-7367-9

Ⅰ.①全… Ⅱ.①雷… ②詹… ③张… ④毛… Ⅲ.①国际贸易—贸易谈判 Ⅳ.①F740.41

中国国家版本馆 CIP 数据核字（2023）第 133410 号

版权登记号：01-2023-3518
The Negotiation Challenge: How to Win Negotiation Competitions
The original edition published by Econnections Sp. z o. o., copyright © 2018, Remigiusz Smolinski, James B. Downs.
The simplified Chinese version published by Guangming Daily Publishing House, copyright © 2023 年, Zhang Shougang, Mao Fanyu.

全球商务谈判挑战赛：如何赢得谈判竞赛
QUANQIU SHANGWU TANPAN TIAOZHANSAI: RUHE YINGDE TANPAN JINGSAI

著　　者：（德）雷米久什·斯莫林斯基	译　　者：张守刚　毛凡宇
（德）詹姆斯·巴彻勒·杜	

责任编辑：史　宁	责任校对：许　怡　李佳莹
封面设计：中联华文	责任印制：曹　净

出版发行：光明日报出版社
地　　址：北京市西城区永安路 106 号，100050
电　　话：010-63169890（咨询），010-63131930（邮购）
传　　真：010-63131930
网　　址：http://book.gmw.cn
E - mail：gmrbcbs@gmw.cn
法律顾问：北京市兰台律师事务所龚柳方律师

印　　刷：三河市华东印刷有限公司
装　　订：三河市华东印刷有限公司
本书如有破损、缺页、装订错误，请与本社联系调换，电话：010-63131930

开　　本：170mm×240mm	
字　　数：195 千字	印　　张：15.75
版　　次：2023 年 7 月第 1 版	印　　次：2023 年 7 月第 1 次印刷
书　　号：ISBN 978-7-5194-7367-9	

定　　价：95.00 元

版权所有　　翻印必究

内容简介

该书共分为四章，第一章引言，第二章解释了全球商务谈判挑战竞赛（TNC）开始的方式及其原因，并介绍了它的赛制，讨论了谈判的评估标准。第三章讨论了四种主要的谈判类型，每种谈判类型都各自独立，包括应用价值索取策略和战术的分配式谈判，应用价值创造战略和战术的整合式谈判，复杂的多议题谈判和多方谈判。每种类型的谈判都设计了角色扮演模拟案例，这16个角色扮演是经过精心挑选的，是为之前的全球商务谈判挑战赛（TNC）而编写的，并且在全球商务谈判挑战赛得以应用。第四章是对全书的总结，提出了对未来谈判竞赛者的建议。

该书是国内第一本系统介绍全球商务谈判挑战赛（TNC）的著作，对于国内师生了解国际最高水平谈判赛事的规则、案例等信息有极大帮助，既可以推动国内商务谈判教学的开展，也可以提高参与全球商务谈判挑战赛（TNC）的学生的素质和水平。

该书适合国内从事商务谈判教学的教师、参与商务谈判大赛的学生以及企业从事商务谈判实务的专业人士。

译者序

我与原著作者雷米久什·斯莫林斯基（Remigiusz Smolinski）是多年的好朋友，他是国际商务谈判领域的顶级专家，目前是德国莱比锡管理研究生院教授。2007年，他与丹麦奥斯胡大学彼得·凯斯廷（Peter Kesting）共同创立全球商务谈判挑战赛（The Negotiation Challenge，TNC）。随后，全球商务谈判挑战赛成为国际大学生谈判领域的知名赛事之一。2019年原书出版后，他邀请我将此书翻译成中文，希望更多热爱谈判的学生和教师能够了解该赛事。我也觉得这是一件非常有意义的事，就邀请我的朋友兼同事江西财经大学外国语学院毛凡宇副教授一起合作翻译这本书。"谈判是合作的事业"，本书的翻译出版也是中外谈判学者合作的范例，我们希望通过合作创造出更大的价值。

我兼任全国经济管理院校工业技术学研究会沟通与谈判委员会（以下简称"委员会"）秘书长，自2016年起，与国内该领域谈判专家学者创办"全国大学生商务谈判大赛"，参加比赛的高校已基本覆盖全国29个省、自治区、直辖市，各类、各层次的参赛高校超过300多所。参加2021年全国大学生商务谈判大赛总决赛的人数近千人，是国内商务谈判领域最大规模的商务谈判比赛。通过比赛让参赛学生真实模拟感受商务谈判的魅力，全国层次的模拟谈判大赛实现更高水平的跨地域、跨层次、跨专业的师生互动和同学之间的比赛交流，是实现从学生到企业高层次人才的绝佳锻炼机会，对其今后的学习、生活、工作和创业而言，是人生难得的宝贵经历。在取得办赛经验和成绩的同时，委员会也感觉到大赛还有提升的空间，我国大学生商务谈判大赛也需要国际化。

在经济全球化的大背景之下，跨文化沟通已经成为一种不可逆转的趋势，"经济一体化""地球村"等概念也在逐渐实现。未来将有越来越多的机会与有着不同文化背景的人进行沟通，因此成功的跨文化沟通有着非凡的意义。委员会与美国商务沟通学会（The Association for Business Communication，ABC）、德国全球商务谈判挑战赛（The Negotiation Challenge，TNC）、韩国谈判学会（Korean Association of Negotiation Studies，KANS）于2017年11月4日，在首都经济贸易大学举办第五届学术年会上签署合作备忘录建立国际大学生谈判联盟。参加全国大学生商务谈判大赛的优秀队伍或选手将获得参加相关国际赛事的资格。2018年4月6日—8日由委员会推荐的首都经济贸易大学和北方民族大学谈判队参加了由全球商务谈判挑战赛组织的在美国旧金山举办的国际谈判大赛，与来自全球的18支队伍同台竞技，最终首都经济贸易大学谈判队获得了全球第三名的好成绩。2019年3月29日，由委员会推荐的首都经济贸易大学参加了由全球商务谈判挑战赛组织的在日本京都大学举办的国际谈判大赛，与来自全球的18支队伍同台竞技，最终首都经济贸易大学谈判队获得了全球第五名的成绩。2021年4月10日结束的全球商务谈判挑战赛上，首都经济贸易大学胡瑞芳、薛君、闫尚三位同学组成的"The Waves"团队获得全球第二名的好成绩！2021年全球商务谈判挑战赛由委员会和首都经济贸易大学承办，在北京举办（由于疫情后改为线上比赛）。考虑到全球商务谈判挑战赛仅容纳全球18支队伍比赛的限制，为了更好地推动国际商务谈判大赛在中国的发展，委员会首次举办"2021全国大学生商务谈判大赛（英文赛）"，实现了外国大学生参赛、外国专家评委点评、英语案例、英语谈判等真实意义上的国际谈判模拟大赛。这本译著恰逢其时，对于有志于参加和指导全球商务谈判挑战赛的师生来说，了解规则，模拟备战很有必要。另外，通过借鉴国外先进经验促进国内商务谈判大赛发展，快速实现中国商务谈判大赛国际化也十分必要。

这本书内容简洁，包括引言、赛事介绍、四种谈判类型的模拟谈判案例以及大赛之外的建议。这本书的核心针对四种谈判类型（分配式谈判、整合式谈判、复杂的多议题谈判以及多方谈判）提供了原创的16个角色模拟谈判案例，供读者进行模拟演练。这本译作既可以成为高校、企业读者学习谈判的书籍，也可以成为各种机构运用、指导、培训谈判技能的指导用书。本书为中国教育发展战略学会国际胜任力培养专业委员会重点课题《国际组织视角下跨文化沟通与谈判类课程实践教学研究》研究成果（课题编号：SRA202106）之一。本成果得到国家留学基金（CSC202309800027）资助。本书能够得以出版，要感谢全国经济管理院校工业技术学研究会沟通与谈判委员会专家委员会的指导与帮助，感谢参与初稿译作的周宝珍、杨飞燕和魏甜甜同学，感谢译者所在单位江西财经大学工商管理学院的出版资助，感谢有道商创（深圳）科技有限公司的大力支持，感谢光明日报出版社的编辑辛勤付出。希望本书的出版架起一座中西文化的桥梁，让同样热爱商务谈判的学生与教师"以书会友"共同交流与分享商务谈判大赛的魅力。

张守刚

2023年1月15日

目　录
CONTENTS

第一章　引言 ……………………………………………………… 1

第二章　全球商务谈判挑战赛介绍 ……………………………… 4
　第一节　赛制 …………………………………………………… 5
　第二节　寻找谈判冠军 ………………………………………… 6
　第三节　成为谈判冠军 ………………………………………… 12
　第四节　历年比赛的事实和数据 ……………………………… 13

第三章　掌握四种谈判类型 ……………………………………… 16
　第一节　分配式谈判 …………………………………………… 18
　第二节　整合式谈判 …………………………………………… 56
　第三节　复杂的多议题谈判 …………………………………… 110
　第四节　多方谈判 ……………………………………………… 173

第四章　模拟谈判之外 …………………………………………… 232

第一章 引言

人们都喜爱谈判，乐于与他人分享。我们花了数十年的时间来研究和了解谈判的复杂性，利用所学，教授一代又一代的学生和来自世界各地的企业高管通过谈判去达成明智和可持续的协议，并努力为研究生举办了年度"全球商务谈判挑战赛"（www.thenegotiationchallenge.org）。这个比赛为参赛者提供了一个独特的平台去切磋彼此的谈判技能，点燃他们对谈判的激情，搭建起来自世界各地志同道合的人际关系网。同时，全球商务谈判挑战赛对我们来说也是一次绝佳的机会，可以见识世界各地的学生谈判精英，并与之交流互动，分析他们成功谈判的诀窍。

组织全球商务谈判挑战赛以及编写这本书的初衷都是希望帮助学生，也就是帮助未来的领导者成为更好的谈判者。冲突是生活中固有的，不可避免的一部分，我们必须学会管理和解决冲突。实际上，当今世界比以往任何时候都更需要有技巧的谈判者。他们不仅知道如何应对艰难的谈判情况，而且知道如何创造价值并达成明智而可持续的协议。然而，教授这些技能是一个巨大的教学挑战。例如，如何优化课堂教学以产生最佳结果？如何帮助学生成为最佳谈判者？此外，通过比较学生谈判课程前后的谈判技能变化，可以提供有关教学效果的有价值的参考信息，但课堂环境缺乏现实世界所具有的真实动态情境。也就是说，学生课堂学到的技能是否能应用到课堂情境之外？因此，让学生参加全球商务谈判挑战赛是对他们所学的谈判知识和教师教授的谈判技能进行最终的检验，通过观察学生精英在面对世界上其他学生精英谈判时的表现可以帮助我们回答以上这些问题。

在过去十年的竞赛组织过程中，参赛学生以及他们的教练和指导教师经常询问如何能够最有效地备战全球商务谈判挑战赛，以获得相关的建议和指导。为了公开分享经验成果，我们专门出版这本全球商务谈判挑战赛的指导用书，以便为参赛者提供帮助。虽然这本书姗姗来迟，但我们很高兴终于满足了大家的诉求。

本书的编写结构如下：第二章介绍谈判挑战赛，解释怎样举办以及为什么举办竞赛，介绍它的赛制，讨论衡量谈判者智商的评估标准。此外，详细介绍了参赛条件，提供了以往比赛的事实和数据，包括主办机构名单和获胜队伍名单。第三章讨论了四种主要的谈判类型，每种谈判类型都是各自独立，包括应用价值索取策略和战术的分配式谈判，应用价值创造战略和战术的整合式谈判，复杂的多议题谈判和多方谈判。重要的是，每种类型的谈判都包括四个相关的角色扮演模拟案例，谈判者可以利用这些模拟案例来发展和加强谈判技能，为全球商务谈判挑战赛或其他谈判竞赛做准备。这16个角色扮演案例都是经过精心挑选，专门为全球商务谈判挑战赛而编写的，并且已在全球商务谈判挑战赛中得到应用。第四章是对全书的总结，为未来的谈判竞赛者提出了建议。希望能够增加申请人入选比赛的机会，提高他们在比赛期间的表现水平。

当然，市场上已有许多优秀的谈判教科书系统地介绍了有关谈判的重要研究成果，帮助我们理解谈判的复杂本质。基于扎实的研究基础，这些教科书给我们提供了结构化的实证结论，推导出有效的理论，并提出了实用的工具和框架。然而，这一系列文献缺少一种可以帮助人们应用和实践这些理论和工具的书籍，而本书正好填补了这一空白。我们坚信体验式学习具有良好的教学效果，这本书的编写就是为了让学生或有志于成为优秀谈判者的同仁能有机会迅速通过角色扮演模拟谈判来应用和加强所学的谈判知识。因此，我们希望为读者提供精心挑选的案例练习，让他们有机会提高谈判技能，同时帮助他们达成更明智的谈判协议，点滴成功也可以使世界变得和谐美好。

第二章　全球商务谈判挑战赛介绍

大多数谈判学者和实务专家可能都认同谈判应算作一种技能的提法。基于这样的认识，大多数商学院和法学院都将谈判课程列入教学计划。一些院校甚至把谈判设立为研究生的研究方向。此外，谈判在企业界被视为一项必不可少的管理技能，因此许多公司都会定期进行专门的谈判培训。

谈判技能与天赋不同，天赋是与生俱来的，而谈判技能是可以学习的。从这个意义上讲，谈判就像学开车、做运动或弹奏乐器（如钢琴）一样，通过重复练习以及有效地指导，绝大多数人都可以学到其中的技能。事实上，这种演练所发挥的作用是不可低估的，即使对最有才华的人来说也是如此。例如，沃尔夫冈·阿玛多伊斯·莫扎特（Wolfgang Amadeus Mozart），尽管他才华横溢，但若没有每天花上几个小时练习弹奏钢琴和拉小提琴，也就无法创作出经典佳作。莱昂内尔·梅西（Lionel Andres Messi），尽管幼时天赋异禀，如果没有在球场上花数千个小时练习球技，也就不会成为一名世界顶级的足球运动员。塞巴斯蒂安·维特尔（Sebastian Vettel），若没有在赛道上持续训练，也不会数次获得世界一级方程式锦标赛冠军。

如果我们认同谈判是一种技能的说法，那么也必须赞成对谈判进行衡量和比较是可能的。毕竟，谈判竞赛背后的精神和国际肖邦钢琴大赛、足球世界杯和世界一级方程式锦标赛是一样的。就这一点而言，我们就能为谈判者设立谈判竞赛，从中学习到如何成为更好的谈判者，如何成为谈判冠军。

为了研究这个问题，我们在2007年春天组织了第一届"全球商务谈判挑战赛"，旨在吸引世界各国优秀学生来参赛，为之创造一个可以分享激情和切磋谈判技能的环境。

第一节 赛制

多年来，我们不断收到来自参赛者以及指导教师的积极反馈，在此基础上制定了比赛赛制。在这种赛制下，每位参赛者都可以公平评估自己的谈判技能，也会得到一系列公平公正的评判。

我们相信，优秀的谈判者了解准备工作的重要性，也掌握处理各种问题的全部谈判技能，能够正确判断所面临的谈判情形，适时采取适当的谈判方法。我们把这些谈判技能称之为谈判智商（Negotiation Intelligence）。全球商务谈判挑战赛旨在让参赛者接触各种沟通模式和谈判类型，用系统的方法衡量和比较谈判智商。对于每个不同的比赛组合形式，我们设定了一系列评判标准来判定谈判者的表现。

全球商务谈判挑战赛采用角色扮演模拟谈判，模拟谈判案例专门为谈判竞赛而设计。模拟谈判测试的技能包括：在分配式谈判中索取价值的能力，在可评分和不可评分谈判中创造价值的能力以及建立关系的能力。为了深入了解团队的谈判能力，我们还会将团队拆分，评析每个团队成员的谈判技能。

自成立以来，全球商务谈判挑战赛的赛制发生了多次变化。目前采用四轮积分赛制。第一轮一般是在现场赛之前进行在线比赛，这一轮既可以同步进行（例如采用视频，音频呼叫，使用即时通信工具），也可以以电子邮件等形式非同步进行。有时我们会把这种方式的决定权利完全交给参赛者，而这往往会成为他们首要面临的谈判问题。在后面的现场赛中，我们会组织三次面对面的比赛。经过四轮的比拼，表现最佳（积分最高）的两支队伍会进入冠军争夺公开赛，所有参赛者和其他感兴趣的观众都可以观摩比赛。

第二节　寻找谈判冠军

通常很难评估和比较谈判者的表现。主要原因是在学术环境（课堂和实验室）下建立和进行的多次完全相同的谈判，除了谈判人员本身之外，所有其他变量均保持不变。只有在这样的环境中，我们才可以将谈判者的谈判技能分离出来作为影响谈判进程及其结果的主要因素。即使做到了上述的第一点，我们仍然会受到挑战，因为我们并不清楚具体是谈判技能的哪些方面以及在多大程度上会影响谈判过程并改变谈判结果。对这方面的了解是系统发展谈判技能的主要先决条件之一，但这正是谈判教学中所缺少的。

相比之下，谈判竞赛恰恰可以对谈判表现进行比较。重要的是，这种比较是在参与者自己挑剔的目光下进行的，他们希望自己的表现能得到公正的评价。在他们看来，评价要按照有序、公正和令人信服的方式进行，这点是至关重要的。因此，谈判竞赛需要公开透明的评价，其基本原则是让人信服。经过对全球商务谈判挑战赛的历史办赛经验进行激烈的讨论和深思熟虑之后，我们达成了参赛者广泛接受的评价方法。

判断谈判成功与否的最重要的评判标准是谈判结果。毕竟，谈判的真正目的是要取得最好的结果，对谈判者进行排名的先决条件是能衡量谈判结果。对于许多谈判情境，例如，谁能获得更好的价格，更高的薪水或更好地交付条件，这些都很容易衡量。而对于其他情况，谈判的结果还包括另外一个维度，即谈判双方之间的关系，而不是谈判的物质结果。例如，谈判者有多可信？各方在谈判过程中是否公平行事？其中一方（或双方）是否丢掉了面子？谈判者在谈判过程中是感到有所提升还是倍感失落？谈判双方在谈判结束之后的关系如何？这些问题都涉及每一次谈判，它们是谈判结果实实在在的组成部分。这反映了在谈判中人的心理感受与物质利益之间的区别，哈佛谈判法在研究中把它概括为谈判的第一个原则——"将人与问题分开"。

让我们更深入地探讨这一点。大多数人会同意，良好的谈判结果如果是在不信任的基础上或其中一方感到被欺骗的情形下而取得的成功，那么谈判当然不会像基于互信而取得的成功那样理想。因此，竞赛综合排名不仅应该基于物质结果，而且还必须考虑关系结果。考虑到这一点，首先，我们必须更好地定义谈判的关系结果，以便更准确地对关系结果进行测量。关系比信任和公平更复杂，有不同的判断维度。在这方面，可以使用的一个工具，即可汗和艾奥芬贝恩（Curhan&Elfenbein）在2007年提出的"主观价值感量表（Subjective Value Inventoty，SVI）"。它是一个利用分布在四个类别中的16个问题来获取谈判关系结果的量表（见表1）。基于SVI，关系结果的确可以被测量和比较。需要指出的是，尽管SVI实用性强，但SVI仍具有某些局限性，所有根据问卷来衡量复杂现象的情形都有这样的局限，这种工具是主观（交叉）评估，只是衡量客观现实的代表而已。

表1 主观价值感量表

达成的结果（Instrumental Outcome）
1. 你对本次的谈判结果满意吗——即你达成的协议条款（或没有协议）在多大程度上有益于你？
2. 你对自己的获益和对方获益的平衡感到满意吗？
3. 你有没有觉得自己在这次谈判中吃亏了或"失败"了？
4. 你是否觉得自己达成的协议条款符合公正、公平或客观标准原则（例如：共同的公平标准、先例、行业惯例等）？
自己（Self）
5. 你在谈判中"丢脸"（如损害你的自尊感）了吗？
6. 这次谈判是否让你感觉到或多或少自己可以胜任谈判者？
7. 你是否按照自己的原则和价值观进行谈判？
8. 这次谈判对你的自我形象产生了正面还是负面的影响？
过程（Process）
9. 你觉得谈判对手听你所关注的事吗？
10. 你认为谈判过程公平吗？
11. 你对达成一致的协议过程感到困难还是容易？
12. 你的谈判对手是否考虑过你的意愿、意见或需求？
关系（Relationship）
13. 你的谈判对手给你留下了什么样的"总体"印象？
14. 作为这次谈判的结果，你对与对手形成的关系感到满意吗？
15. 本次谈判让你更相信你的对手吗？
16. 本次谈判是否为未来与对手的关系奠定了良好的基础？

其次，谈判的关系结果与物质结果是相互独立的。例如，与采购商和供应商谈判交易细节相比，彼此之间的关系更重要。如何将谈判的两种结果彼此联系起来的评价方案通常取决于情境，有时是模糊的。

最后，仅根据（物质和关系）结果评价谈判表现并不能包含每次谈判中的机会因素：如果运气好的话，即使是一个谈判新手也能达成很好的协议；如果谈判对手不够强大，谈判能力弱的人也会有精彩表现。在这种情况下，谈判表现和谈判结果之间的联系可能会被扭曲。

为了减少这些限制，将谈判过程本身纳入对谈判表现的评价是很有效用的，也很直观，因为谈判表现是谈判过程的一个属性，而谈判过程产生谈判结果。一个好的谈判者正是做了好的事情才导致了好的结果。从概念上说，过程导致了结果。因此，基于谈判成功驱动因素的研究成果，这些驱动因素把过程和结果联系了起来。在谈判竞赛中，评委会通过观察来评价这些驱动因素。我们承认评委也有主观性，但谈判过程的复杂性和过程的性质无法使用其他客观（或数字化）的程序方式来评判。事实上，人类的判断是基于公平性、团队内部和团队之间的微妙互动或积极倾听的能力以及对案例的共同理解等重要方面。竞赛中，我们可以对以下四个方面进行过程评价（见表2）：整体把控、沟通技巧、案例理解和协议贡献。

表2 评委评价表

评价标准	代表队 A:	代表队 B:
对谈判的整体把控 案例介绍 信息交流策略 谈判结束		
沟通技巧 积极倾听 说服性论证 组内沟通		

续表

评价标准	代表队 A：	代表队 B：
案例理解 发现问题明确重要性 弄清问题之间的联系 沟通利益 理解利益及其重要性		
协议贡献 能够创造和索取价值 是否把双方的利益都考虑在内了 创造方案是否能获取双赢 谈判之后的信任及关系 创造价值的成功 索取价值的成功		
总分（未必是均分）		

1分非常差；2分差；3分相对差；4分还可以；5分相对好；6分好；7分非常好

第一个评价方面是对谈判的整体把控。这些标准涉及谈判过程的完整性及其谈判步骤之间的平衡。在他们的评价中，评委们试图捕捉谈判者彼此之间的第一个以及最后一个印象，并评价信息交流过程中的状态。他们似乎具有形式主义倾向，但很重要，因为它可能对整个谈判过程和谈判结果产生影响。

第二个评价方面是沟通技巧。罗杰·费舍尔（Roger Fisher）等人（1982）将谈判定义为"为了达成协议的反复沟通过程"。根据该定义，谈判是用于解决争议或促成交易的特定类型的沟通。这个定义也意味着沟通在谈判中扮演着重要的角色。谈判者沟通技巧的质量是谈判者表现最强烈的决定因素之一。因此，评委们会试图了解团队能够与其他团队以及团队内部进行"积极沟通，清晰表达"的能力。

第三个评价方面是对共同案例理解作出的贡献。评委们会仔细审阅案例设计的具体谈判任务。首先，评委们会评价是否所有人的谈判任务都经过充分地理解和讨论。其次，评委们会研究信息交换的水平和状态以及对不同任务的共同理解，例如，是否能够准确提出谈判议题？不同谈判对不同任务如何达成共识？评价的重要组成部分是各方是否能够阐述自己的利益并了解谈判对手的利益。各方需要准确理解谈判问题以及各方偏好，这是创造价值、彻底探讨谈判所有可能情形以及达成有效的谈判结果的先决条件。

第四个评价方面是各方对达成明智和有效的协议所作的贡献，包括创造价值和索取价值的能力。评委们会观察谈判者是如何把这两种技能结合起来，以充分利用这笔交易的潜力，同时又能为自己赢得重要利益的。关于创造价值的能力，评委们主要观察两个方面：挖掘各方利益的差异能力和创造价值、增加方案的能力。与此同时，评委们会提防团队不进行索取价值的行为，因为他们试图通过以过度合作的方式来营造一个强大的价值创造者的虚假印象。创造价值和索取价值这两种能力同等重要，为了赢得全球商务谈判挑战赛，参赛团队必须能够将两者结合起来，同时保持与合作伙伴的积极关系。在比赛中，评委们就是在寻找能将这两种技能完美结合的团队。

值得注意的是，评委评价表上给予团队的总分不一定是四种评价类别的算术平均值。详细的评估标准应该只是用于评价过程，帮助每位评委表明自己对参赛者的印象和表现评价。事实上，谈判结束后，评委们将收集并使用这些表格来比较和校准他们的个人评价，然后就每个谈判团队的排名最终达成一致。这是评价过程中非常重要的一步，在评价谈判表现时每位评委可能会使用不同的标准和参照点，通常会导致长时间的深入讨论，然而，评委们最终会对排名达成一致。

尽管不评分的复杂谈判已成为全球商务谈判挑战赛的一个组成部分，但这种单一轮次表现出色的队伍并不足以赢得最终比赛。也就是说，要在全球商务谈判挑战赛中占上风，最好的参赛队伍需要在每一轮中表现出色。在任何一轮中表现不佳都会大大降低进入冠军赛的概率，优秀的谈判者是全能的谈判者。

第三节 成为谈判冠军

参加全球商务谈判挑战赛的参赛者以三人一组进行比赛，参赛选手主要是来自世界顶级商学院和法学院的研究生。除了拥有谈判热情之外，参赛者还应具备谈判的理论背景和各种谈判模拟训练的实践经验。此外，比赛用语是英语，参赛者必须具备很强的英语语言功底。

我们特别欣赏那些由各自学术机构选中并得到认可的参赛队伍，尤其是经过内部选拔的优秀参赛者，也积极鼓励大学教师在比赛前对参赛者进行指导，并参与比赛过程。达到标准的团队会优先考虑，当然也会鼓励所有人申请参加比赛，通过申请信证明他们的谈判知识和经验，进行公平竞争。

每支参赛队伍要提交一份简历（CV），有时还需提交一篇关于特定谈判主题的文章。简历和信函应表明团队成员在谈判领域的兴趣、知识和经验以及学术机构的整体声誉及其在谈判领域的专业性（例如，相关的国际排名证明）。申请得到该机构的认可这一点尤为重要。如果参赛队伍希望接受专业教练为比赛做准备，那么机构内教练的名字和职称应写在申请表里。毋庸置疑，该申请应该清楚地表明所有团队申请者的个人英语口语程度。

选择标准通常会考虑以下因素：

- 申请显示的团队质量；
- 团队的学术机构是否有内部选拔程序和认可申请；
- 机构的国际声誉；
- 团队是否已经或预计会接受教练的后续辅导；
- 地域和文化多样化。

负责甄选参赛队伍的委员会会选择最符合全球商务谈判挑战赛最佳利益的参赛队伍，最终结果通常在申请截止日期约两周后公布。

第四节　历年比赛的事实和数据

全球商务谈判挑战赛最早于2007年在德国莱比锡的莱比锡商学院举行。成功举办五届之后，我们决定在其他地方试点，2017年首次在欧洲以外的地区开展竞赛。以下是迄今为止的全球商务谈判挑战赛的地点和主办机构的完整列表：

- 2023年谈判挑战赛　在意大利罗马路易斯大学举行
- 2022年谈判挑战赛　在希腊雅典商业与经济大学举行
- 2021年谈判挑战赛　在中国北京的首都经济贸易大学举行（网络赛）
- 2020年谈判挑战赛　在西班牙巴塞罗那的EADA商学院举行（网络赛）
- 2019年谈判挑战赛　在日本京都的京都大学举行
- 2018年谈判挑战赛　在美国旧金山的黑斯廷斯法学院举行
- 2017年谈判挑战赛　在哥伦比亚波哥大的洛斯安第斯大学举行

- 2016 年谈判挑战赛　　在奥地利维也纳的维也纳大学和维也纳科技大学举行
- 2015 年谈判挑战赛　　在德国慕尼黑的慕尼黑工业大学举行
- 2014 年谈判挑战赛　　在冰岛雷克雅未克的雷克雅未克大学举行
- 2013 年谈判挑战赛　　在希腊雅典的 ALBA 商学院举行
- 2012 年谈判挑战赛　　在法国巴黎的 IESEG 商学院举行
- 2007-2011 年谈判挑战赛　　在德国莱比锡的莱比锡商学院举行

此外，该赛事多年来受到各个承办机构和参赛者的积极响应和鼓舞，现在，我们有意把此项挑战赛进一步扩展到全球，并将在世界各大洲举办竞赛活动。

在竞赛规模方面，最初只有 10 支参赛队伍，而今参赛热情已空前高涨。遗憾的是，每年我们只能从约 80 支申请团队中邀请 18 支团队参加比赛。很高兴看到有这么多学生能够对谈判如此热忱，要知道拒绝高素质的申请人总是一个非常困难和痛苦的决定。

然而，对于那些获得邀请的参赛队伍来说，全球商务谈判挑战赛与参加世界谈判锦标赛非常相似。在这里竞争意味着与世界上优秀的学术机构竞争。为了证实这一说法，这里列出先前获胜团队的名单，他们已经获得了"伟大的谈判者"的称号。该清单包括世界上最好的谈判队伍：

- 2023 年全球商务谈判挑战赛——意大利路易斯大学
- 2022 年全球商务谈判挑战赛——美国加利佛尼亚大学伯克利法学院
- 2021 年全球商务谈判挑战赛——日本名古屋商科大学
- 2020 年全球商务谈判挑战赛——法国巴黎科学经济与管理学院（IESEG 管理学院）

- 2019 年全球商务谈判挑战赛——美国大学华盛顿法学院
- 2018 年全球商务谈判挑战赛——美国大学华盛顿法学院
- 2017 年全球商务谈判挑战赛——墨西哥 IPADE 商学院
- 2016 年全球商务谈判挑战赛——美国大学华盛顿法学院
- 2015 年全球商务谈判挑战赛——德国莱比锡商学院
- 2014 年全球商务谈判挑战赛——波兰华沙经济学院
- 2013 年全球商务谈判挑战赛——冰岛雷克雅未克大学
- 2012 年全球商务谈判挑战赛——法国高等经济商学院
- 2011 年全球商务谈判挑战赛——波兰华沙经济学院
- 2010 年全球商务谈判挑战赛——美国加州大学黑斯廷斯法学院
- 2009 年全球商务谈判挑战赛——德国莱比锡商学院
- 2008 年全球商务谈判挑战赛——美国哈佛法学院和加州大学黑斯廷斯法学院
- 2007 年全球商务谈判挑战赛——美国哈佛大学法学院

作为本章的结语，"伟大的谈判者"名单和最终顶级排名的名单常常代表着所在学校在谈判领域的声誉。这再次证明，做得好或赢得谈判竞赛绝不仅仅是巧合，而是精心设计的谈判课程、鼓舞人心的教师指导和周密准备的产物。

第三章　掌握四种谈判类型

　　本章包括为全球商务谈判挑战赛编写的角色扮演模拟谈判案例，总结了谈判竞赛过程中遇到的四种谈判类型。第一部分讨论了分配式谈判，接下来是关于可评分的整合型谈判和不可评分的整合型谈判，最后是三方谈判类型。此外，就像竞赛发展过程一样，角色扮演模拟谈判案例的复杂程度随着每个部分的练习而逐渐增加。尽管本书的结构旨在模仿竞赛完整内容的全过程，但读者可以自由独立使用这些角色扮演模拟谈判案例，抑或选择自己觉得合适的顺序灵活使用。

　　在全球商务谈判挑战赛中，使用角色扮演模拟谈判案例之前，请相信这些模拟谈判案例已经经过了广泛的测试，并得到了来自谈判者的积极反馈。这些模拟谈判案例已成功运用于实际比赛，我们发布这些模拟谈判案例，目的是帮助那些将要参加全球商务谈判挑战赛或其他类似全球商务谈判挑战赛的师生积极备战。实际上，了解这些角色扮演模拟谈判案例可以根据过去的结果帮助他们来调整自己的期望，进行最好地培训，提高谈判智商。

　　除了比赛准备之外，角色扮演模拟谈判案例还可以在公司培训课程中用作课堂练习或者朋友之间的社交娱乐（类似剧本杀的剧本来娱乐）。这些案例将产生良好的教学效果，同时会被写在总结报告中，而且使用这些角色扮演模拟谈判案例会带来无穷乐趣。

首先，为了帮助读者对角色扮演模拟谈判案例进行选择，我们在每个角色扮演模拟谈判案例前面附有摘要作为参考。摘要包括对情境的简要描述、教学重点、谈判方数量、完成练习所需的准备和谈判时间及其复杂程度。我们希望这些信息有助于初步评估角色扮演模拟谈判案例是否能够实现读者的目的。

其次，本书中的角色扮演模拟谈判案例从通用说明开始。这些说明表达了共同的信息，适用于所有谈判方。在通用说明之后，就是各方的秘密说明，描述了他们的偏好和其他私密信息并反映了双方之间的信息不对称。在每次谈判的准备阶段，各方应阅读通用说明和秘密说明，准备谈判策略。双方准备妥当后，谈判即可开始。

最后，是总结报告部分。报告的目的是提供有益的信息，包括模拟谈判的完整结构，关于潜在的和最佳结果的讨论，实际比赛中使用角色扮演模拟谈判案例获得的经验和见解，以及在全球商务谈判挑战赛中使用角色扮演模拟谈判案例取得的最终成绩。如上所述，这些信息应该有助于谈判者参考那些反馈信息和校准过的谈判结果以便提高他们的谈判技能。此外，用角色扮演模拟谈判案例进行教学的教师可能会发现，这些总结报告对谈判之后的回顾有借鉴意义。实际上，这些报告具有指示性特征，可以根据教师的需要进行灵活调整。不过，值得一提的是，由于这些总结报告的揭示性质，其中包含的信息不得在谈判之前分发给学生。

最终的法律声明：购买本书之后，拥有者可以永久和无限制地使用书中所包含的教学材料用于教育目的。我们也希望收到所有读者的反馈和意见。

第一节 分配式谈判

在全球商务谈判挑战赛期间，第一类模拟谈判是分配式谈判。谈判学者及实务专家会用各种术语描述这种谈判：竞争型谈判、零和（定和）谈判、输赢谈判或者分配型谈判。在这种谈判中，各方分配的资源是固定和有限的，最终目的是争取最大的资源份额。各方目标根本上是彼此冲突的。各方都会想尽办法把自己的利益最大化，让对方信服己方所提出的资源分配方案，具有浓厚的竞争氛围。此外，在单纯的分配型谈判中，各方对谈判利益的追求价值是相同的，因而很难产生有价值的新方案。这意味着，只有一方才能最终获得资源。如果处置不当，在竞赛中，这种对可用资源的竞争可能会引发攻击行为，从而引起冲突。

面对这样的谈判，有各种各样的价值索取策略，目的是最大化己方的可用资源。这种战略和策略在于对信息的策略性应用，影响对方的谈判认知和对整个谈判过程本身的把控。此外，尽管在分配型谈判中存在固有的利益冲突，价值索取战略和策略的应用也往往需要与建立关系的措施相结合。例如，当分配协商的结果决定双方是否会建立长期关系，或者这种谈判是在已经存在的关系中进行时，谈判者需要在利益与关系之间找到平衡点。

如上所述，在分配型谈判中，我们关注的是实质性结果，评估谈判者在分配型谈判中的表现时，也会将其与 SVI 所显示的关系结果相结合。

掌握分配型谈判是"优秀谈判者"的重要技能。首先，许多情况本质上谈判是分配的（例如，卖房子或买车）。其次，即使在包括分配型谈判成分在内的最具整合性的谈判中，各方也需要将其谈判重点放在价值索取上。

本节包括在全球商务谈判挑战赛期间编写和使用的四种选定的角色扮演模拟谈判案例，旨在测试谈判者索取价值的能力，必要时将其与建立的可持续关系相结合。在准备谈判比赛的过程中，可以利用这些角色扮演模拟谈判案例来练习这些技能。

一、制服项链（Livery Collar）

作者：雷米久什·斯莫林斯基

谈判方数量：2　准备时间：15-30 分钟　谈判时间：30-45 分钟

复杂程度：低

教学重点

保留点，最佳替代方案，信息交换，价值索取策略，第一报价策略，锚定，客观标准，公正性，分配型谈判。

简要描述

制服项链是一个角色扮演模拟谈判案例，涉及重新获得重要财产的分配型谈判。这个模拟基于莱比锡商学院（HHL）失去的制服项链的故事。HHL 本是德国历史最悠久的一个商学院。在第二次世界大战结束后的骚动中，制服项链不翼而飞，多年后，出现在南美一个富有的德国移民阿根廷人手中。2006 年，这位移民委托律师事务所帮助他匿名将此物完璧归赵。该律师事务所现在的任务是，以有助于他们支付成本和费用的方式谈判交易条款。反过来，HHL 多年寻找此物无果，现在很高兴看到制服项链再次出现，并且还有机会重新获得。不幸的是，支付资金有限，因此他们必须成为聪明的谈判者。

迈耶联合公司代表的秘密说明

乔纳森·迈耶（Jonathan Meyer）是迈耶联合公司的合伙创始人之一，这是他在长期成功的律师职业生涯中做过的最特殊的一件事。海因策国际公司首席执行官安东尼奥·海因策（Antonio Heinze）是迈耶的一个长期客户，上周打电话请求帮助。"乔纳森，我需要你的帮助。"他的声音听起来几乎像一个命令，无论怎样，都使人无法拒绝。

安东尼奥是汉斯·海因策（Hans Heinze）的长子，他于1945年在布宜诺斯艾利斯郊区成立了一家小型航运公司，经过几十年的发展，已经成为南美洲最大的航运公司，并且成为世界第五大航运公司。在搬到阿根廷之前，汉斯在德国莱比锡的一个富裕的商人家庭长大。然而，第二次世界大战前不久，全家不得不离开心爱的城市，首先移居苏黎世，然后移民到布宜诺斯艾利斯。

安东尼奥继续说："我的父亲拥有一些原本不属于他的东西，并希望把它归还给合法所有者。"之后，乔纳森进入了宽敞、装饰典雅的起居室，这是安东尼奥所拥有的令人印象深刻的住所。安东尼奥热情地欢迎他，并把他带到一个玻璃柜子跟前，里面装满了旧书、册子和图片，讲述了海因策家族的历史。"就是这个，"安东尼奥庄严地说，他从柜子里取出一个带玻璃的木盒子，继续说道，"这是为德国最古老的商学院——莱比锡商学院院长制作的制服项链。"

制服项链（或办公勋章）是一条很重的项链，通常是金色的，在中世纪作为欧洲办公室的徽章佩戴胸前。今天佩戴制服项链的场合并不多，但学术界仍然在佩戴。几个世纪以来，制服项链已成为地位和尊严的象征，并在世界各地由著名的学术机构中杰出领导者自豪地佩戴。

莱比锡商学院（HHL）成立于 1898 年，是世界上第一所商学院，但直到 25 年之后，即 1925 年 3 月，萨克森州经济部才批准为 HHL 院长制作制服项链，总预算为 4000 德国马克①。其制作委托给金匠约翰内斯·埃克特（Johannes Eckert），德累斯顿（Dresden）一位著名的金匠，经常被比作约翰·梅尔基奥·丁凌尔（Johann Melchior Dinglinger），此人是 17—18 世纪欧洲一名最伟大的金匠以及萨克森国王奥古斯特二世（August Ⅱ）的宫廷珠宝商。制服项链是地位的重要象征，完全由纯 24 克拉黄金制成。埃克特的工作超出了客户的预期，1926 年，新的制服项链由萨克森州经济部的克莱恩（Klien）主管交给 HHL 的院长，也就是格罗斯曼（Grossmann）。

五年后，即 1931 年春，在举行官方仪式期间，因观众很难看见制服项链（它一直隐藏在院长的夹克翻领下），所以被送回了埃克特大师的工作室进行改进。知名的莱比锡出版商埃德加·赫富特（Edgar Herfurth）捐赠了 1500 德国马克，埃克特用这笔预算在项链的两侧加了四个链环、四个浅绿色碧玺和四颗日本珍珠。经过这些改进，HHL 的制服项链成为当时的杰出作品，还被当作现代德国金匠学院的优秀例证在世界各地的许多艺术展览会上展出。由于这一系列事情，德国 HHL 为这个作品投保了 6000 德国马克的保险。

随后二十年，HHL 的制服项链一直都是六位知名校长的胸前佩戴物。然而，它后来神秘地消失了。据历史资料显示，它最后一次被提及的时间可以追溯到 1943 年 6 月，它被列入莱比锡防空负责人施密特（Schmidt）中尉的珍宝目录中。

---

① 德国马克是 1924 年到 1948 年 6 月 20 日德国的货币。据德国联邦统计局的数据显示，20 世纪 20 年代和 30 年代每德国马克的购买力相当于在此角色扮演中描述的事件发生时的 3-4 欧元。

然而，在 1974 年一位匿名的卖家联系了汉斯·海因策，声称自己有来自汉斯家乡莱比锡的"珍贵纪念品"。虽然汉斯·海因策不知道这个神秘的卖家是谁，也不知道他是如何得到制服项链的，心中也怀疑这个故事的真实性。尽管如此，汉斯·海因策还是对这个纪念品兴趣浓厚，想探究是真是假。专家证实其真实性后，汉斯·海因策将相当于 12.5 万欧元①的款项转入了开曼群岛的一个银行账户。两天后，他成为了 HHL 制服项链的新主人。

"现在这条项链值多少钱？"乔纳森问道，他认为这将是一个核心问题，因为该物品的所有者很快就会改变。显然，安东尼奥已经充分考虑了这个问题。据历史资料显示，20 世纪 20 年代和 30 年代 HHL 制服项链的价值约为 6000 德国马克。这笔金额在今天约为 2.4 万欧元。然而，制服项链是由 24 克拉黄金制成。自 20 世纪 20 年代以来，黄金价格从 1926 年的每盎司 20 美元增加到 2006 年的近 445 美元，增长了 21 倍多。这意味着制服项链价值约为 50 万欧元。然而，考虑到其历史和艺术价值，安东尼奥估计现在 HHL 制服项链价格可能会高出原来价格的 20%-30%。乔纳森问道："你想要我卖多少钱？"安东尼奥微笑着停顿了一下，然后回答："我们是准备免费退回的。谈判的价格应该包括你的一切花费。你得到的一切都是你的。"在过去的几十年中海因策家族一直家道兴盛。

事实上，这完全可以做得到。安东尼奥随后补充道："但是有一个条件，海因策家族不会公开此交易。我们希望保持匿名状态并给你绝对的处置权。"乔纳森负责任地说："我考虑一下。"

2006 年 2 月 14 日星期二，乔纳森·迈耶打电话到 HHL 的院长办公室，要求召开一次会议，HHL 有可能重新拿回失去的制服项链。六周

---

① 12.5 万欧元是汉斯·海因策在 1973 年支付的 2006 年的价值。

后，也就是在3月31日，HHL的院长汉斯·威尔斯密斯（Hans Wiesmeth）教授收到了布宜诺斯艾利斯迈耶联合公司办公室发送的官方信封，信封中装着6张HHL制服项链的高质量照片和新颁发的证明其真实性的证书。然后安排了12月的面对面会议，使双方有足够的时间进行必要的准备工作。

你即将会见HHL院长汉斯·威尔斯密斯教授、HHL名誉校长朱迪斯·马阔特（Judith Marquardt）博士和HHL捐赠协会主席汉斯·戈雪尔（HansGöschel）教授。你的谈判目标是：

● 确保HHL的制服项链归还给合法所有者。

● 协商转让HHL制服项链的最佳价格。最终，无论你获得什么，都是你的直接收入。

● 记住安东尼奥不想对外公布这件事情。

● 确保最终协议不包含任何附加的货币或非货币，固定或变化以及独立附加条款。

莱比锡商学院代表的秘密说明

大家都明白，即将举行的会议将非常特别。不像过去那些普通谈判，这次谈判涉及的项目价值极高。近十年来，他们一直在寻找制服项链的下落，现在可能是重新获得的唯一机会。通过HHL执行管理层的一致决定，将指定杰出代表参与此次谈判。HHL的院长汉斯·威尔斯密斯教授、HHL名誉校长朱迪斯·马阔特博士和HHL捐赠协会主席汉斯·戈雪尔教授即将会见一位匿名人士的法律顾问，这位匿名人士声称自己拥有丢失已久的HHL制服项链。

制服项链（或办公勋章）是一条很重的项链，通常是金色的，在中世纪作为欧洲办公室的徽章佩戴胸前。今天佩戴制服项链的领域并不多，但学术界仍然在佩戴。几个世纪以来，制服项链已成为地位和尊严的象征，在世界各地由著名的学术机构中最杰出领导者自豪地佩戴。

即使莱比锡商学院（HHL）成立于1898年，是世界上第一所商学院，但也是直到25年之后，即1925年3月，萨克森州经济部才批准为HHL院长制作制服项链。总预算为4000德国马克，其制作委托给金匠约翰内斯·埃克特，德累斯顿一位著名的金匠，他经常被比作约翰·梅尔基奥·丁凌尔，此人是17—18世纪欧洲一名最伟大的金匠以及萨克森国王奥古斯特二世的宫廷珠宝商。制服项链是地位的重要象征，完全由纯24克拉黄金制成。埃克特的工作超出了客户的预期，1926年，新的制服项链由萨克森州经济部的克莱恩主任交给HHL的院长，也就是格罗斯曼。

五年后，即1931年春，在举行官方仪式期间，因观众很难看见制服项链（它一直隐藏在院长的夹克翻领下），所以被送回了埃克特大师的工作室进行改进。知名的莱比锡出版商埃德加·赫富特捐赠了1500德国马克，埃克特用这笔预算在项链的两侧加了四个链环、四个浅绿色碧玺和四颗日本珍珠。经过这些改进，HHL的制服项链成为当时的杰出作品，还被当作现代德国金匠学院的优秀例证在世界各地的许多艺术展览会上展出。由于这一系列事情，德国HHL为这个作品投保了6000德国马克的保险。

随后的二十年，HHL的制服项链一直都是六位知名校长的胸前佩戴物。然而，它后来神秘地消失了。在历史资料中，它最后一次被提及的时间可以追溯到1943年6月，当时它被列入莱比锡防空负责人施密特中尉的珍宝目录中。20世纪90年代，在第二次世界大战和德国重新统一的动荡之后，HHL捐赠协会主席汉斯·戈雪尔教授发起了一项调查，寻找发生在制服项链上的事情。经过努力，他发现徽章最初被安全运往并储存在了柏林中央银行。不幸的是，没有找到确切交付的官方记录。汉斯·戈雪尔教授推测，它可能在1943年12月4日莱比锡的大型空中轰炸中丢失，这次轰炸完全摧毁了里特大街的HHL旧校区。非常不幸，尽管HHL和萨克森州作出了巨大的努力来寻找，但未能发现其下落。

直到2006年2月14日星期二，HHL院长汉斯·威尔斯密斯教授接到一通意外的电话。这个人自称是阿根廷布宜诺斯艾利斯迈耶联合公司的法律合伙人乔纳森·迈耶。他代表客户（一名希望保持匿名的南美居民），要求召开会议讨论HHL如何重新获得失去的制服项链。汉斯·威尔斯密斯教授对这一主张感到好奇，他解释说，在召开有关如此严肃问题的会议之前，HHL需要确认制服项链是否真实，现在是否在迈耶的客户手上。迈耶先生答应在接下来的两个月内递交HHL所要求的确认函，并且答应遵守诺言。3月31日星期五，威尔斯密斯教授收到了迈耶联合公司办公室发来的一封官方信封，里面装着6张HHL制服项链的高质量照片和新颁发的证明其真实性的证书。之后，安排了12月召开的面对面会议，这使双方有足够的时间进行必要的准备工作。

准备工作的第一步是估算制服项链现在的价值。据历史资料显示，20世纪20年代和30年代HHL制服项链的价值约为6000德国马克，这笔金额在今天约为2.4万欧元。然而，制服项链是由24克拉黄金制成。自20世纪20年代以来，黄金价格从1926年的每盎司20美元增加到2006年的近445美元，增长了21倍多，这意味着制服项链价值约为50万欧元。

HHL做了进一步的准备，整理了三个关于制服项链当前价值的独立评估。专家们的意见不一，但考虑到它的历史和艺术价值，他们估计其价值应在60万欧元到75万欧元之间。然而，他们都明确地表示，世界上没有多少潜在买家愿意支付这个价格。

对于 HHL 来说，这个具有历史意义的制服项链是无价之宝。因此，HHL 最近举行了筹款活动，帮助筹集了近 25 万欧元，以便重新获得这条制服项链。尽管这个数量筹款金额超出了组织者的预期，但不幸的是，它远远低于专家的预期。尽管如此，HHL 的执行管理层决定继续谈判，筹集的 25 万欧元将是他们为失去的制服项链支付的绝对最高金额。然而，如果价格成为一个问题的话，HHL 也准备用匿名者的姓名对其中一间教室进行命名，当然这必须假设他或她准备放弃匿名。实际上，如果筹款扩展到 HHL 的支持者，捐赠额会比 25 万欧元更多。尽管此方案具有一定的机会成本，但为了解决现金短缺问题，HHL 的高管强烈建议这样做。

无论怎样，HHL 都不能错过这次机会。制服项链必须回到 HHL。总之，你即将进行的谈判目标是：

- 从匿名所有者处重新获得 HHL 制服项链。
- 协商 HHL 制服项链的最低价格。（花费不能超过 25 万欧元）
- 如果可能的话，将用匿名者的姓名命名一间 HHL 教室，尝试使用非货币服务抵消最终价格。
- 确保最终协议不包含任何附加的货币或非货币，固定或变化以及独立附加条款。

总结报告

制服项链是德国莱比锡 2011 年全球商务谈判挑战赛的分配谈判角色扮演模拟谈判案例。在 HHL 举行的制服项链是 2011 年举行的全球商务谈判挑战赛的分配谈判角色扮演模拟案的议题，当时 HHL 的院长佩戴着这个具有历史性意义的项链。

HHL代表与迈耶联合公司律师之间谈判的主要问题是制服项链的价格。角色扮演模拟包括双方可能使用的各种参考点，以调整各自的期望并制定其策略。总结概述如下：

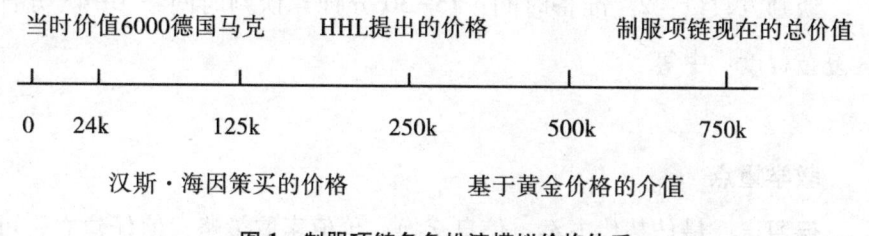

```
当时价值6000德国马克      HHL提出的价格         制服项链现在的总价值
├────┼─────────┼─────────┼─────────┼─────────┤
0   24k      125k       250k      500k      750k
   汉斯·海因策买的价格        基于黄金价格的介值
```

图1　制服项链角色扮演模拟价格体系

HHL的保留点（RP）为25万欧元，这是为重新获得制服项链而筹集的款项。虽然海因策家族已准备免费捐赠制服项链，但它已授权乔纳森·迈耶自由地进行谈判，只要合适，任何价格都可以。这导致了25万欧元的议价区域（ZOPA）。此外，这些说明还提供了许多其他参考点，可以帮助支撑各自的案例。

双方很可能不会再有交易，两者之间关系的重要性就会有所减弱。所以，在评估谈判者的表现时可以不考虑双方关系，只关注议定的价格。

2011年全球商务谈判挑战赛期间获得的最高价格为25万欧元，最低价格为20万欧元，然而团队并没有对价格达成一致。团队对价格的激烈争论的根源是某些参考点，例如，基于黄金价格变动的制服项链的价值，远高于HHL能够支付的价值。一些团队用50万~75万欧元的潜在价值来实现他们的预期和期望。因此发现，他们很难接受，甚至最不可能接受一件事情，那就是议价区间狭小。

制服项链是一个角色扮演模拟谈判案例，非常适合介绍分配协商的主题，可用于分析首次报价策略的效果。

二、本尼迪克特·巴索（Benedict Basso）

作者：雷米久什·斯莫林斯基

谈判方数量：2　准备时间：15-30分钟　谈判时间：30-45分钟

复杂程度：中等

教学重点

保留点，最佳替代方案，信息交换，价值索取策略，信任建立，可持续友好谈判关系的建立，第一报价策略，锚定，客观标准，公正性，分配型谈判。

简要描述

本尼迪克特·巴索是一份关于雇佣合同的双方分配谈判模拟谈判案例。本尼迪克特是18世纪晚期在莱比锡歌剧院（Leipzig Opera）中冉冉升起的歌剧明星，这个剧院是欧洲最古老的歌剧院之一。本尼迪克特·巴索出生于音乐世家，拥有天籁之音，勤奋努力，梦想成为一名歌剧演员，并引以为豪。现在，他发现了一个契机，在一个流行歌剧中担任主唱，这将对他的事业大有裨益。也就是说，他是否能够成功地与歌剧院的制作公司及其著名的歌剧导演帕斯夸里·邦迪尼（Pasquale Bondini）签订合同细节。帕斯夸里是一位经验丰富的歌剧演唱家，而且还是一位才华横溢、经验丰富的导演，政治关系也十分融洽。他知道如何进行成功的有利可图的商演，也善于多方考虑以使商演成功。他将努力与本尼迪克特·巴索达成公平协议。

本尼迪克特·巴索及其顾问的秘密说明

本尼迪克特·巴索是莱比锡歌剧院的后起之秀。歌剧院成立于1693年，是仅次于凤凰剧院（意大利威尼斯）和汉堡国家歌剧院（德国汉堡）之后的欧洲第三古老歌剧院。

本尼迪克特的声音无与伦比，这种声音被称为"Basso Cantante"，也就是"歌唱中的男低音"。"Basso Cantante"是意大利歌剧演唱家特有的抒情低音。与它相近的男中音相比，"Basso Cantante"具有更快的颤音。本尼迪克特从小就在充满音乐家和艺术家的氛围中成长。他的父亲曾在被称为"音乐盛宴"的乐团中演奏，这个乐团后来成了世界上最著名的音乐厅管弦乐团。他的母亲是一名女高音演唱家。由于本尼迪克特从小天赋异禀，被圣托马斯精英学校录取并且在著名的圣托马斯合唱团学习歌唱。然而，他却一直对歌剧情有独钟。事实上，他刻苦练习，参加歌剧院的每一场演出，崇拜伟大的歌唱家，希望自己能像他们一样。在如此的执着和专注下，不久之后，他很快拥有了人生中的第一次机会。他18岁时在莱比锡歌剧院的舞台展示了人生中第一次独唱。观众十分喜欢他。尽管他还是一个少年，但相较于经验丰富的歌剧演唱家，他已更胜一筹。事实上，《莱比锡日报》（Leipziger Zeitungen）[①] 把他比作当时最好的一名歌剧演员——弗朗切斯科·贝纳科奇（Francesco Benucci），另外，本尼迪克特的声音具有一种无与伦比的特征——"它可以触动心扉"。

美妙的低音使他很快名声大噪，从莱比锡传到了帕斯夸里·邦迪尼的耳朵里，此人是意大利的歌剧导演，自1777年起，就一直是萨克森

[①] 《莱比锡日报》的前身是《新到新闻报》，它于1650年首次出版，被认为是世界上第一份日报。

国王在德累斯顿的歌剧公司的导演，该歌剧公司虽然规模小，但备受推崇，十分受欢迎。两年前，他的公司决定把演出扩展到莱比锡，在以富商为主的观众面前表演。然而，由于他和公司员工已经在德累斯顿参与了大量的项目，他不得不聘请新的艺术家。该公司表演的歌剧主要包括意大利知名作曲家的作品。因此，聘请本尼迪克特在公司的莱比锡演出中唱歌最初似乎是一个合理的解决方案。

本尼迪克特和帕斯夸里在德累斯顿会面，讨论本尼迪克特与帕斯夸里歌剧公司的合作事宜。会议只持续了20分钟，以不快告终。本尼迪克特简直无法相信自己的耳朵。他原本以为会面是为了讨论自己加入的财务状况，但听到的只是帕斯夸里一直夸耀自己事务繁多，公司发展的繁荣和成功，而本尼迪克特缺乏经验，可能会使他的整个扩张计划面临风险。他还说，莱比锡在文化上仍处于不发达状态，要成为一个真正的艺术大师，就必须成为像他一样的意大利人。听到这里，本尼迪克特起身离开了。这些话对他来说太过分了。帕斯夸里的优越感、傲慢以及对本尼迪克特的技能和成功表现的不尊重，这一切让他确信自己对帕斯夸里歌剧公司的工作并不感兴趣。

一年后，即1786年12月，帕斯夸里歌剧公司在布拉格制作了歌剧《费加罗的婚礼》。由沃尔夫冈·阿玛多伊斯·莫扎特（Wolfgang Amadeus Mozart）作曲，洛伦佐·达庞特（Lorenzo Da Ponte）作词。六个月前在维也纳的布尔格剧院首演，其中前两次演出由莫扎特本人执导。据说莫扎特从帝国意大利歌剧公司收到了450弗罗林（Florin，奥匈帝国一种货币）的工作报酬。这是他从1773到1777年获得年薪的三倍，当时他被萨尔茨堡的统治者——希罗尼莫斯·科洛雷（Hieronymus）大主教——聘为乐队指挥。达庞特获得了200弗罗林。然而，尽管由杰出的音乐家和著名的意大利男低音家弗朗西斯科·贝努奇（Francesco

Benucci）担任主唱,《费加罗的婚礼》在维也纳并不受欢迎。

相比之下,由于男低音主唱歌手乔瓦尼·贝洛蒂（Giovanni Bellotti）近来在威尼斯成为领先的摇滚歌手,帕斯夸里的布拉格歌剧制作大获成功。事实上,布拉格高级邮局报（Prager Oberpostamtszeitung）将这部作品称为"杰作",还说"没有哪一部作品有过如此大的轰动效应"[1]。受当地音乐爱好者的邀请,莫扎特前往布拉格听了这部歌剧。这部歌剧给他留下了深刻的印象,当即决定亲自指挥。

鉴于布拉格《费加罗的婚礼》的瞩目成就,著名商人兼歌剧鉴赏家冯·赖兴巴赫（Johannes von Reichenbach）邀请帕斯夸里在莱比锡歌剧院的舞台上表演这部歌剧来庆祝他的70岁生日。据说,冯·赖兴巴赫先生当时就给了帕斯夸里一笔巨款,前提条件是：主唱要替换成他最喜欢的歌剧歌唱家,即莱比锡的最佳男低音——本尼迪克特·巴索。

歌剧独奏家的职位空缺数量通常非常有限,他们都尽心尽力把握每一个新的机会。帕斯夸里的歌剧公司演唱已经帮助许多年轻艺术家成名,许多人甚至能够在之后签署利益可观的合同。尽管本尼迪克特对上次会面印象欠佳,但是上面的理由已经足以说服他再给帕斯夸里一次机会。

通常,对于大多数精英歌手来说,歌剧独奏家每场演出可以赚5弗罗林到200弗罗林。每场演出的市场平均价接近20弗罗林。目前尚不清楚主唱乔瓦尼·贝洛蒂的具体收入,但据称,帕斯夸里付给艺术家们的都是可观的薪水。所以他的收入可能远高于市场平均水平。本尼迪克特目前在莱比锡歌剧院每场演出可以赚30弗罗林。

对于他这个年龄和经验的人来说,这是一份合适的薪水,他绝不会

---

[1] 奥托·埃里希·多伊奇. 莫扎特：纪录片传记 [M]. 帕罗奥多：斯坦福大学出版社, 1965：281.

在帕斯夸里的公司接受比这少的演出费。他的顾问建议，可以要求在帕斯夸里的歌剧《费加罗的婚礼》中担任主唱。他们指出，80弗罗林或更多，对于这样的角色来说也是不合理的。

本尼迪克特认为即将进行的谈判是一次机会，与帕斯夸里的明星一起演唱让他有机会证明他不仅仅是一名省级歌手，而且他的才华可以像他们一样熠熠生辉。即使这次谈判失败，对于莱比锡的歌剧鉴赏家冯·赖兴巴赫来说，他仍然会留下本尼迪克特。为了冯·赖兴巴赫先生，本尼迪克特去歌剧院谈判仍然是值得的。

今天，本尼迪克特及其顾问将与帕斯夸里歌剧公司的代表会面。上一次会面中，本尼迪克特认为帕斯夸里是一个非常傲慢和以自我为中心的人，对任何人都不尊重。然而，担任《费加罗的婚礼》的主唱可能会开启本尼迪克特职业生涯的新篇章。这是一次难得的机会，可能会把他带到自己的"人生巅峰"。失去这次机会是非常不明智的。

总之，您的谈判目标是：

• 确保本尼迪克特与帕斯夸里歌剧公司签订合同，并在《费加罗的婚礼》中担任主唱；

• 尽力为本尼迪克特争取高额的报酬；

• 确保本尼迪克特的薪水不包含额外的货币或非货币，固定或可变的以及独立附加合同条款；

• 如果达成协议，本尼迪克特和帕斯夸里必须密切合作，修复他们受损的关系。

帕斯夸里·邦迪尼歌剧公司的秘密说明

对于帕斯夸里·邦迪尼来说，这是一个非同寻常的季节。自1777年以来，他一直担任萨克森国王在德累斯顿备受推崇和欢迎的小歌剧公司的导演。没有专家相信他会因《费加罗的婚礼》而带来艺术和商业上的成功，但帕斯夸里再次证明自己的直觉是正确的。人们喜欢《费加罗的婚礼》，喜欢帕斯夸里，也喜欢他的歌剧公司。

这部喜剧歌剧由沃尔夫冈·阿玛多伊斯·莫扎特作曲，洛伦佐·达庞特作词，六个月前在维也纳的布尔格剧院首演，其中前两次演出由莫扎特本人执导。据说莫扎特也因此从帝国意大利歌剧公司收到了450弗罗林的工作报酬。这是他从1773到1777年获得年薪的三倍，当时他被萨尔茨堡的统治者——希罗尼莫斯·科洛雷大主教——聘为乐队指挥。达庞特获得了200弗罗林。然而，尽管由杰出的音乐家和著名的意大利男低音家弗朗西斯科·贝努奇担任主唱，《费加罗的婚礼》在维也纳并不受欢迎。

相比之下，由于男低音主唱歌手乔瓦尼·贝洛蒂近来在威尼斯成为领先的摇滚歌手，帕斯夸里的布拉格歌剧制作大获成功。事实上，布拉格高级邮局报将这部作品称为"杰作"，还说"没有哪一部作品有过如此大的轰动效应"。受当地音乐爱好者的邀请，莫扎特前往布拉格听了这部歌剧。这部歌剧给他留下了深刻的印象，当即决定亲自指挥。

由于布拉格《费加罗的婚礼》的巨大成功，著名的商人兼歌剧鉴赏家冯·赖兴巴赫邀请帕斯夸里在莱比锡歌剧院的舞台上表演这部歌剧来庆祝他的70岁生日。据说，冯·赖兴巴赫先生当时就给了他一笔巨款，前提条件是：主唱要替换成他最喜欢的歌剧歌唱家，即莱比锡的最佳男低音——本尼迪克特·巴索。

本尼迪克特是莱比锡歌剧院的后起之秀。本尼迪克特拥有一种无与伦比的声音，这种声音被称为"Basso Cantante"，也就是"歌唱中的男低音"。"Basso Cantante"是意大利歌剧演唱家特有的抒情低音。与类似的男中音相比，"Basso Cantante"具有更快的颤音。本尼迪克特从小就在充满音乐家和艺术家的氛围中成长。他的父亲曾在被称为"音乐盛宴"的乐团中演奏，这个乐团后来成了世界上最著名的音乐厅管弦乐团。他的母亲是一名女高音演唱家。由于本尼迪克特从小天赋异禀，被圣托马斯精英学校录取并且在著名的圣托马斯合唱团学习歌唱。然而，他却一直对歌剧情有独钟。事实上，他刻苦练习，参加歌剧院的每一场演出，崇拜伟大的歌唱家并希望自己能像他们一样。在如此的执着和专注下，不久之后，他很快拥有了人生中的第一次机会。18岁的时候，他在莱比锡歌剧院的舞台进行了人生中第一次独唱。观众十分喜欢他。尽管他还是一个少年，他已经唱得比许多有经验的歌剧演唱家出色。事实上，《莱比锡日报》（Leipziger Zeitungen）甚至把他与最好的歌剧演员——弗朗切斯科·贝纳科奇相提并论，并加上一句话，本尼迪克特的声音具有一种无与伦比的特征——"它可以触动心扉"。

两年前，帕斯夸里的公司决定把演出扩展到莱比锡，观众都是莱比锡的富商。由于帕斯夸里和公司员工已经在德累斯顿参与了大量的项目，他不得不聘请新的艺术家。该公司表演的歌剧主要包括意大利知名作曲家的作品。因此，聘请本尼迪克特在公司的莱比锡演出中唱歌最初似乎是一个合理的解决方案。

本尼迪克特和帕斯夸里在德累斯顿会面，讨论本尼迪克特与帕斯夸里歌剧公司的合作事宜。会议只持续了20分钟，以不快告终。本尼迪克特简直无法相信自己的耳朵，他原本以为他们的会面是为了讨论自己加入的财务状况，但是他听到的只是帕斯夸里一直夸耀自己的忙碌，公司发展的繁荣和成功。而本尼迪克特缺乏经验，可能会使他的整个扩张计划面临风险。他还说，莱比锡在文化上仍处于不发达状态，要成为一个真正的艺术大师，就必须成为像他一样的意大利人，听到这里，本尼迪克特站起来离开了。这些话对他来说太过分了。帕斯夸里的优越感、傲慢以及对本尼迪克特的技能和成功表现的不尊重,这一切让他确信自己对帕斯夸里歌剧公司的工作并不感兴趣。

通常,对于大多数精英歌手来说,歌剧独奏家每场演出可以赚5弗罗林到200弗罗林。每场演出的市场平均价接近20弗罗林。帕斯夸里付给他的主唱乔瓦尼·贝洛蒂很高的薪水,每场演出80弗罗林,是收入最高的独奏家之一。目前尚不清楚本尼迪克特在莱比锡歌剧院的具体收入,但是,帕斯夸里怀疑这个收入可能不会超过市场平均水平。他准备向他支付一定的费用来盯着他的作品,特别是本尼迪克特担任主唱是冯·赖兴巴赫先生的明确愿望。然而,为了支付所有艺术家的工资,所有其他费用并保证可接受的利润率,帕斯夸里支付给本尼迪克特的薪水不能超过150弗罗林,这是他曾为歌手付出的最高薪水,世界上只有极少数的艺术家赚得比这更多。因此,帕斯夸里强烈希望将本尼迪克特的工资保持在他目前向乔瓦尼支付出演《费加罗的婚礼》的费用。本尼迪克特必须有充分的理由说服帕斯夸里,给他支付更多薪水。

帕斯夸里歌剧公司的代表将于今天与本尼迪克特及其顾问会面。在上一次会面中,帕斯夸里认为本尼迪克特是一个非常傲慢和以金钱为中心的人,不尊重他的成就和地位。让本尼迪克特在帕斯夸里歌剧公司庆祝冯·赖兴巴赫先生70岁生日,是他提出的强硬条件。这也是一个很好的商业机会,失去这次机会是非常不明智。

总之,您的谈判目标是:

- 确保本尼迪克特与帕斯夸里签订合同,并在《费加罗的婚礼》中担任主唱;
- 尽可能节省预算,本尼迪克特的工资越高,你的利润率就越低;
- 确保本尼迪克特的薪水不包含额外的货币或非货币,固定或可变的以及独立附加的合同条款;

● 如果达成协议，帕斯夸里和本尼迪克特将必须紧密合作，修复他们已受损的关系。

总结报告

本尼迪克特·巴索是为德国莱比锡的 2010 年全球商务谈判挑战赛撰写的一个分配式谈判角色扮演模拟谈判案例。这次模拟谈判在莱比锡歌剧院举行，比赛之前还为参赛者举办了私人音乐会。

本迪尼克特·巴索和他的顾问与帕斯夸里·邦迪尼歌剧公司在此次谈判中需要解决的主要问题是：本迪尼克特在莫扎特的《费加罗的婚礼》中担任主唱的薪水问题。双方角色都拥有用于调整各自的期望和制定策略的各种参考点，总结概述如下：

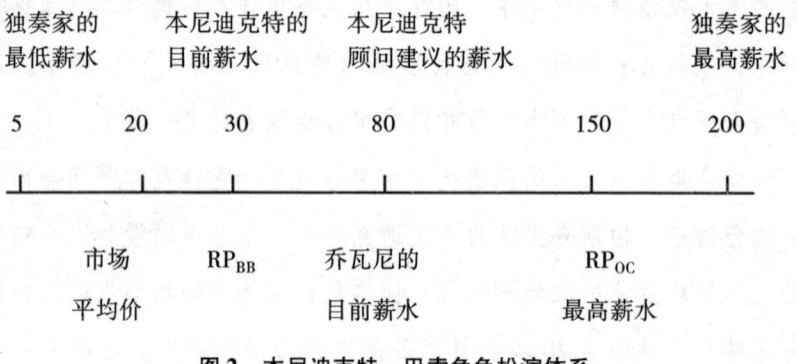

独奏家的最低薪水	本尼迪克特的目前薪水	本尼迪克特顾问建议的薪水	独奏家的最高薪水
5	20　　　30	80	150　　　200
市场平均价	RP_{BB}	乔瓦尼的目前薪水	RP_{OC} 最高薪水

图 2　本尼迪克特·巴索角色扮演体系

本尼迪克特·巴索的保留点是他目前在莱比锡歌剧院每场演出的工资 30 弗罗林，而帕斯夸里·邦迪尼歌剧公司的保留点是每场演出的工资不能超过 150 弗罗林。这使每场演出费产生可能议价区域 120 弗罗林。此外，这些说明还提供了帮助双方支持其案例的多个辅助参考点。

这种谈判的复杂性在于，潜在的协议只是双方之间工作关系的开始。也就是说，如果以再次伤害已经受损的关系为代价，只专注于获取最高或最低工资的话，将会导致一个不太理想的结果。因此，在谈判中采用的价值主张策略和战术必须经过仔细的权衡，并与维护关系的措施相结合。

为了评估谈判者在全球商务谈判挑战赛中的表现，我们会综合考虑双方同意的物质性结果（薪水）以及从谈判伙伴处获得的SVI得分中的关系结果。但是，由于每一个变量都以不同的单位表示，我们需要将它们标准化，并将它们转换为统计分数。然后，将物质性结果和关系性结果的得分相加。通常来说，不同结果分配不同的权重是有意义的，但在这个评估中，我们为物质性结果和关系性结果赋予了相同的权重，因为它最能反映双方的目标——即最大化工资金额和最优化关系结果。最终每个团队得分近似于所有参赛团队的平均得分。

为便于参考，现提供以下数据：2010年全球商务谈判挑战期间获得的最高工资为100弗罗林，最低工资为66弗罗林，平均工资为89.40弗罗林。参与团队获得的结果覆盖了议价区域的28%，平均工资几乎是其一半。有趣的是，在谈判中获得了最高工资的队伍往往也获得了最低的SVI评估分数，最终导致总体分数低于平均水平。最低工资往往伴随着较为平均的SVI评估，这使他们在所有的歌剧团中取得了最好的总成绩。在这些扮演本尼迪克特·巴索的团队中，获得第一名的团队通过谈判获得了第二高的薪水和最好的SVI评估。在观察各团队的过程中，我们发现他们面临的最大挑战是在其价值主张战略的有效性和与对方的关系管理之间找到平衡点，观察的结果清楚地表明，物质性结果和关系性结果没有必然的负相关关系。在饰演本尼迪克特·巴索这一角色时，表现最出色的团队就是一个很好的例子，他们的表现证明了在分配谈判中获得良好的实质性成果不一定要以破坏关系为代价。本尼迪克特·巴索是一个角色扮演模拟谈判案例，适用于介绍分配式谈判，它还可用于分析首次报价策略的效率及其对谈判方之间关系的潜在影响。

三、约翰·基克二世（John Kicker II）

作者：雷米久什·斯莫林斯基

谈判方数量：2　准备时间：15-30 分钟　谈判时间：30-45 分钟

复杂程度：中等

教学目标

保留点，最佳替代方案，信息交换，价值索取策略，信任建立，可持续友好谈判关系的建立，第一报价策略，锚定，客观标准，公正性，分配式谈判。

简要描述

约翰·基克二世是一项双方针对体育就业合同条款进行谈判的角色扮演模拟案例。约翰·基克二世是一位杰出的欧洲足球明星，但因其膝盖受伤结束了职业生涯。此后，他发现自己拥有开启新的职业生涯的机会——去前球队 Rock 队担任总经理的岗位。在经纪人的帮助下，约翰将与 Rock 俱乐部的现任总裁布斯曼先生（Mr. Busman）就这项雇佣条款进行谈判。

约翰·基克二世及其经纪人的秘密说明

你是一家为运动员和名人们提供经纪人的公司合伙人。五年前，你代表约翰·基克二世与一支很成功的欧洲球队 Rock 签订了第二份合同。约翰对你所在的工作成果非常满意，并向其他足球运动员推荐了你所在的经纪公司。在约翰的推荐下，你成功地扩展了职业足球领域的业务。

约翰在20世纪80年代初开启了他的职业生涯。当时，教练、体育专家和媒体一致认为，约翰具有非凡的天赋，可以成为足球比赛中最优秀的后卫之一。当他获得国家队的提名时，没有人感到意外。然而世界杯期间，Rock队在与国家队进行了一系列精彩的比赛之后，约翰凭借自己的热度离开了Rock队，继而与世界上最成功的足球俱乐部Champs签订了一份为期三年的合同。在这之前，Champs俱乐部已经赢得了31次联赛冠军，获得了10多个国际杯冠军，例如，在久负盛名的欧洲冠军联赛中9次夺冠。

为Champs俱乐部效力一直是约翰的梦想，他欣然接受了这次机会。然而签约之后，约翰开始时表现出色，但令人失望的是，在赛季的大部分时间里，他只能坐在替补席，或者去和二队进行比赛。

由于缺乏上场机会，Champs队的球迷很少有机会欣赏到约翰传奇般的球技。因此，约翰的人气下降了。尽管如此，Champs俱乐部依然维持了与约翰的合同关系，且拒绝了其他俱乐部的收购邀约。事实上，Champs俱乐部的发言人反复强调约翰"不会出售"。Champs俱乐部的梅斯特教练也认为他在俱乐部的未来是美好的。

当约翰在Champs俱乐部的合同最终到期时，没有人敢确定他是否保持着过去的精湛球技。虽然每个人都记得他的非凡球技，但联盟中的大型俱乐部都不愿冒险。最终，约翰去了联盟排名第二的Contenders俱乐部，这是一个组织有序、管理得当的俱乐部，但它始终无法与Champs俱乐部相提并论。

不幸的是，约翰始终不能适应Contenders俱乐部中的生活。当地媒体报道了约翰的动机和行为问题，以及这些问题是如何导致他与教练的关系问题的。结果，在赛季初期的出色表现之后，约翰再次成为替补队员。

五年前，你在一次新年庆祝活动上遇见了约翰。在你们聊天的过程中，约翰告诉你他私下里已经和 Rock 俱乐部进行了接触。Rock 俱乐部对再次签下约翰很感兴趣，约翰正在找人代表他去参加即将到来的谈判。晚会结束时，约翰成了你的客户。

事实上，你知道 Rock 队并没有像 Champs 队那样成功，但每个赛季他们都表现得非常稳定，在 38 场足球联赛中赢得了超过一半（50%-60%）的比赛。此外，你知道 Rock 队的教练弗兰兹·艾恩斯（Franz Irons）相信现代欧洲足球的成功始于强大的防守，而且他已经把 Rock 队培养成了联盟中最善于防守的球队。在这一点上，约翰已经做好了不收取任何比赛报酬的准备，只为在比赛中向世界展示他仍然是世界上最好的后卫之一，你知道约翰将非常适合这支球队。

通过你与 Rock 队总经理斯波迪尔（Spedir）先生的有力谈判，Rock 队向约翰提供了一份为期两年的合同。约翰取代了一位天赋异禀的年轻球员鲍勃·沃尔，因为严重的健康问题被迫中断了鲍勃本来前途无量的职业生涯。他们希望在 Rock 队教练艾恩斯的支持下，约翰能够重新回到他的巅峰期。除了约翰，Rock 队还与其他几名优秀球员签约，他们的目标是在这个赛季取得成功。

随着赛季的结束，Rock 队的付出得到了回报，因为约翰在本赛季中踢出了他整个职业生涯中最好的成绩。事实上，Rock 队也在联盟中赢得了有史以来的最好成绩。此外，Rock 队还获得了参加欧洲杯季后赛的资格。球迷对这种令人难以置信的表现感到欣喜若狂，并将其归功于约翰的复出。作为一名天才领袖，约翰成了 Rock 队的队长，为年轻球员树立了一个激励人心的榜样。约翰再次成为明星，粉丝们都很爱他！不幸的是，在第二个赛季结束时，在 Rock 队总经理斯波迪尔公开宣布俱乐部有意愿延长合同期之后，约翰的膝盖严重受伤，从此结束了他非凡的足球职业生涯。

你昨天去拜访最近做过膝盖手术的约翰，庆祝他38岁的生日。其间，他提到了自己最近在一所以优秀体育管理课程而著称的商学院学习，还提到他得到了一份有趣的Rock俱乐部管理层工作。具体来讲，Rock俱乐部希望他成为新的总经理，拥有购买球员的权力，负责他们的合同谈判，也可以将球员出售给其他球队。约翰希望你可以代表他去进行谈判。由于膝盖受伤，约翰的职业生涯结束了，这次机会正是他所期望的。他曾与Rock队有着非常强烈的情感联系，非常感激Rock俱乐部的信任，给了自己第二次机会。他为能够取代退休的斯波迪尔先生而成为Rock俱乐部的新任总经理而感到十分荣幸。

在他成功的职业生涯中，约翰已经挣到了足以支撑他退休后生活的资金。因此，工资不一定是这次谈判中最重要的问题。他非常感激Rock俱乐部给他机提供这次机会，不管你在谈判中可以为他争取多少的薪水，他都会时刻准备努力工作。斯波迪尔先生为Rock俱乐部工作20多年后即将退休，他的薪水可能大大高于当前市场平均价10万个SMU（足球货币单位）。尽管斯波迪尔是一位经验丰富的经理，拥有出色的运动直觉和对性格的判断，但他的薪水肯定不能和Champs俱乐部中同等职位的人所赚的薪水一样。有传言称，Champs俱乐部现任总经理的收入约为20万个SMU。然而，联盟中较小的俱乐部支付给管理者的薪酬较少，工资每年大约有6万个SMU。

不过，成为Rock俱乐部的新总经理并不是他唯一的机会。最近，他还接到了Champs俱乐部的电话，他们也正在寻找一位经验丰富且与约翰的家乡联系紧密的球探。通话中Champs俱乐部虽没有提及薪水，但这类工作的报酬通常包括相对较低的基本工资和基于球探发现的有天赋球员的数量的佣金。凭借约翰的经验、人脉和在足球界的知名度，他的起始工资可能是每年 8 万个 SMU。Champs 俱乐部是一个富有且成功的俱乐部，但约翰并不觉得再次为他们工作是一个好主意。他担心 Champs 俱乐部暗中要求他"偷走"Rock 俱乐部中年轻的天才球员，这让他非常担忧。

约翰最近从 Contenders 俱乐部那里获得了一个更有趣的工作机会，那就是指导他们的初级球队。Contenders 俱乐部仍然在次级联赛中打比赛，财政资源远不如 Champs 俱乐部。约翰在这里每年可能赚取 4 万个 SMU，这些钱对他来说并不多，但成为一名教练将是一项有趣且有益的工作，他肯定会喜欢。

今天，你将与 Rock 俱乐部的总裁布斯曼先生以及他的团队见面。你们上一次见面是在五年前。在你看来，布斯曼先生是一个非常可敬和真诚的人，对他来说，人比金钱更重要。也难怪你能很快和他建立起良好的人际关系，从那以后一直与他保持联系。因此，你完全有信心为所有相关方找到最佳的解决方案。

总之，你的目标是：
● 确保约翰与 Rock 俱乐部签订合同；
● 尽可能地在谈判中为约翰争取高薪；
● 约翰喜欢简单明了的安排，因此请确保约翰的薪水不包含任何变化条款和/或有条件条款；
● 在达成协议后，约翰和布斯曼先生将进行密切的合作，请确保约翰与他保持良好的关系。

布斯曼团队的秘密说明

Rock 俱乐部是知名联盟中杰出的欧洲传统俱乐部，这已经是你成为这个俱乐部总裁的第五个赛季了。在你的带领下，俱乐部取得了优异的成绩。平均每个赛季，他们几乎赢得了38场足球联赛中的60%。俱乐部的教练弗兰兹·艾恩斯认为，现代足球的成功是基于强大的防守。在整个职业生涯中，他一直遵循着这种信念，在联盟中建立了最坚固的防守。

总的来说，自从你加入俱乐部，俱乐部的一切事务，无论是运动方面还是经济方面，都进展顺利。然而，三个星期前，您的同事斯波迪尔先生（现任总经理）通知俱乐部他打算尽早在适当的时候退休。斯波迪尔的儿子、女儿和四个孙子都生活在海外，他决定住得离他们近一点。斯波迪尔曾多次在不同的场合提到这一点，但没有人相信。你的第一想法是，他的助手秒斯基（Secondski）先生至少会接替他一段时间。然而秒斯基已经接受了Champs俱乐部提供的一份薪资丰厚的工作，也将离开Rock俱乐部。转会窗口将在下周开放，Rock俱乐部迫切地需要签约一位总经理，为转会做准备，协调所有转会的新经理去处理其他的组织问题。

在你与斯波迪尔先生的上一次会面中，他建议将这个职位提供给约翰，他是Rock队的前任球员，也是许多球迷的偶像。约翰在Rock队近期战绩中发挥了关键作用。20世纪80年代初约翰就在Rock俱乐部开始了他的职业生涯。当时，教练、足球专家和新闻界一致认为约翰拥有非凡的天赋，可以成为这项运动中最优秀的后卫之一，当约翰获得国家队比赛的提名时，没有人感到惊讶。

然而世界杯期间，在与国家队进行了一系列精彩的比赛之后，约翰凭借自己的热度离开了Rock队，继而与世界上最成功的足球俱乐部Champs签订了一份为期三年的合同。在这之前，他们已经赢得了31次联赛冠军，获得了10多个国际杯冠军，其中9次赢得欧洲冠军联赛的冠军。

然而签约之后，约翰在俱乐部的大部分时间都是在替补席上，或者去和二队进行比赛。开始有流言传开，说这一问题是球队内部关系紧张造成的。Champs俱乐部的发言人回应了这些猜测，声称约翰本身没有任何问题，约翰与俱乐部的梅斯特教练之间也没有出现任何问题。由于约翰不参加比赛，几乎没机会让Champs俱乐部的球迷欣赏到他的传奇球技，这导致他的人气下降了许多。尽管如此，Champs俱乐部依然维持了与约翰的合同关系，甚至拒绝了其他有兴趣的俱乐部对约翰的出价。事实上，Champs俱乐部的发言人一再宣称约翰是"非卖品"，Champs俱乐部梅斯特教练已经预见了约翰在俱乐部的美好前景。

当约翰的合同即将到期时，没有人真正确定约翰的球技是否能一如既往。虽然大家都知道他的球技非凡，但联盟中的大型俱乐部都无意冒险。最终约翰去了联盟排名第二的Contenders俱乐部，虽然Contenders俱乐部组织有序，管理得当，却无法与Champs俱乐部相提并论。

不幸的是，约翰不能很好地适应Contenders俱乐部。当地媒体报道了他的动机和行为问题，以及由此导致的与教练的关系问题。结果，除了本赛季初期的出色表现，剩下的赛季时间里，约翰再一次成为替补队员。

斯波迪尔先生将重新争取约翰回到Rock俱乐部，他将使约翰取代鲍勃·沃尔的位置，这个人是一位非常有才华的年轻球员，因为严重的健康问题而突然中断了他前途无量的职业生涯，就这样双方签订了合约。约翰一心只想向所有人证明，他仍然是这个国家最好的后卫之一。Rock俱乐部很高兴地给了他第二次机会，慷慨地与其签订了一份为期两年的合同。他们希望约翰可以在教练艾恩斯的指导下重拾辉煌。

随着赛季结束，Rock队的付出得到了回报，因为约翰在本赛季中踢出了他整个职业生涯中最好的成绩。事实上，Rock队在联盟本赛季赢得的比赛场次是有史以来最多的。此外，Rock 队还获得了参加欧洲杯季后赛的资格。球迷对这种令人难以置信的表现感到欣喜若狂，并将其归功于约翰的复出。作为一名天生的领袖，约翰成为球队的队长，为年轻球员树立了一个振奋人心的榜样。约翰再次成为明星，粉丝们热爱他！不幸的是，在第二个赛季结束时，在斯波迪尔先生公开宣布俱乐部有意愿延长合同期之后，约翰的膝盖严重受伤，结束了他传奇的职业生涯。

你意识到约翰可能不是接管斯波迪尔先生职位的理想人选。虽然他是一名出色的防守球员，为 Rock 俱乐部打过多场精彩的比赛，但他在管理体育俱乐部方面完全没有经验。目前还不清楚他是否能够胜任这项工作，是否有一个真正能实施的替代方案。转会窗口将于下周开放，斯波迪尔先生和他的妻子也将在周末离开这个国家。作为 Rock 俱乐部的总裁，你可以暂时接管一些紧急事务，但由于你的其他职责，你绝对没有时间完全投入到这项工作中。

在 Rock 俱乐部工作了 20 多年之后，斯波迪尔先生的薪水为 12 万个 SMU（足球货币单位），比目前市场价的平均水平高出 20%。尽管他是一位经验丰富的经理，拥有出色的运动直觉和对职员性格的判断，但他的薪水肯定不能和 Champs 俱乐部中同等职位的人一样。有传言称，Champs 俱乐部现任总经理的收入约为 20 万个 SMU。然而，联盟中较小的球队支付给管理者的酬劳要比这少得多，每年约有 6 万个 SMU。

你现在很犹豫，是否应该给约翰比斯波迪尔更多的薪水。你觉得，对于那些对管理团队的业务知之甚少的人来说，这样的薪水太高了。另一方面，在没有总经理的情况下进入转会期可能会对明年的预算和团队的表现带来灾难性的后果。考虑到一些紧急情况，你决定必要时支付给约翰上限为 15 万个 SMU 的薪水。如果约翰有更多的要求，Rock 俱乐部不得不将一部分转会推迟到下一季转会期。

今天你将和约翰以及他的经纪人见面。上一次见面是在五年前，在你看来，他们见多识广，具有很强的合作精神。你很快就和经纪人建立了良好的关系，并且一直保持联系，因此，你有充分的自信能够为双方找到最佳解决方案。

总之，你的目标是：

- 确保约翰与 Rock 俱乐部签订合同；
- 在预算范围内尽可能节约；
- 确保约翰的薪水不包含可变化的空间以及其他已有或潜在的条件条款；
- 如果协议达成，你将会与约翰展开密切合作。请务必确保你与他建立良好的关系。

总结报告

约翰·基克二世是最初为 2007 年第一版全球商务谈判挑战赛编写的谈判角色扮演模拟的延续。在这个角色扮演模拟谈判中，约翰与 Rock 俱乐部谈第二份合同的条款。这是 2010 年全球商务谈判挑战赛的一部分，这场谈判是在如今被称为"红牛竞技场"的中央体育场豪华包厢里进行的。

在这次角色扮演模拟谈判中，约翰及其代理人与 Rock 俱乐部的总裁布斯曼先生及其团队协商了他作为总经理的潜在雇佣合同的条件。这两个角色包括各种参考点，可用于校准各自的期望和制定策略。以下是报告总结：

约翰的保留点是 4 万个 SMU，这是他在第二联盟中给 Contenders 俱乐部当教练时所能挣到的薪水。然而，Rock 俱乐部的管理层可以为他提供多达 15 万个 SMU 的薪资。薪酬之间的差异形成了一个跨度为 11 万个 SMU 的可能协定区。此外，这些指南还提供了许多其他参考点，其他谈判方，俱乐部支持他们的案例。

与本尼迪克特·巴索模拟一样，这次谈判的复杂性在于潜在的协议只是双方之间工作关系的开始。也就是说，以牺牲未来工作关系为代价，却只是获得了最高或最低的工资将是一个不太理想的结果。因此在谈判中必须仔细权衡应用的价值索取策略，要结合相应关系采取措施。

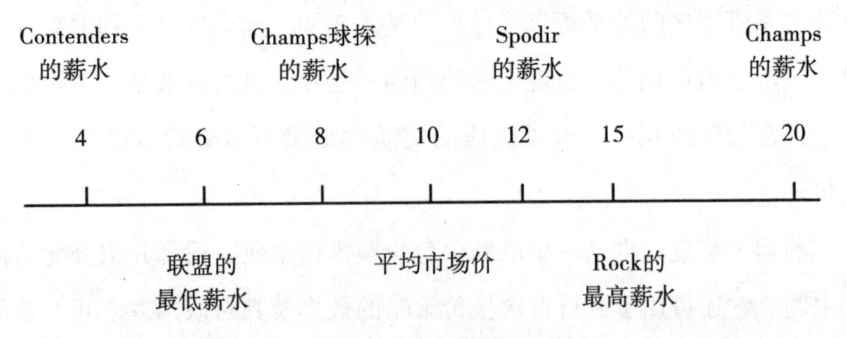

```
Contenders      Champs球探      Spodir        Champs
的薪水           的薪水          的薪水         的薪水

  4       6       8      10      12      15      20
  |-------|-------|-------|-------|-------|-------|

       联盟的           平均市场价         Rock的
       最低薪水                           最高薪水
```

图 3　约翰·基克二世模拟体系

为了评估谈判者在谈判挑战中的表现，我们会综合考虑双方同意的物质性结果（薪水）以及从谈判伙伴处获得的 SVI 得分中的关系结果。由于 SVI 中各个变量的单位不尽相同，我们需要将所有变量标准化，将其转换为标准统计分数。然后，将物质性结果和关系性结果的两个分数相加。为每个部分的分数分配不同的权重是有意义的，但对于这个特定的评估，我们对两者进行了同等的权衡，因为这最能反映双方想要最大限度地提高或降低工资以及关系结果的目标。最终每个团队的得分近似于所有参赛团队的平均得分。

作为参考，2010 年全球商务谈判挑战赛期间获得的最高薪水是 17.5 万个 SMU，最低的是 6 万个 SMU，平均为 11.225 万个 SMU。参与团队商讨后获得的结果大约占整个可能协定区间的 47%，但其分布明显偏高。

类似于本尼迪克特·巴索模拟谈判案例,就约翰·基克二世而言,最高薪水也伴随着第二高的 SVI 评估,这使代表约翰·基克二世的团队取得了最有利的结果。薪酬最低导致了第二低的 SVI 评估,同时导致了 Rock 俱乐部管理层中第二高的总结果,在 Rock 俱乐部管理层中获得第二名的好成绩。

我们观察到,谈判团队所面临的主要挑战是找到有效的价值索赔策略和关系管理之间的平衡点。结果清楚地表明,物质性结果和关系性结果不一定互为负相关。表现优秀的约翰·基克二世团队就是一个很好的例子,在分配谈判中,取得优质的实质性结果不是必须以破坏关系为代价。

约翰·基克二世是一个谈判角色扮演模拟案例,适合介绍分配协商的主题。它还可用于分析首次报价策略的效率及其对谈判方之间关系的潜在影响。

四、动力传媒(Power Media)

作者:彼得·凯斯汀

谈判方数量:2 准备时间:15-30 分钟 谈判时间:30-45 分钟
复杂程度:中等

教学目标

保留点,最佳替代方案,信息交换,价值索取策略,信任建立,可持续友好谈判关系的建立,第一报价策略,锚定,客观标准,公正性,分配式谈判。

简要描述

动力传媒是一个涉及两方的分配型角色扮演模拟谈判案例,针对著名的冰岛全国性报纸和欧洲营销机构之间的在线广告合同的定价条款进行模拟谈判。具体来讲,冰岛报纸雷克雅未克晚报(REN)希望通过降低对谷歌广告联盟(Google AdSense)的依赖来增加其在线的广告收入。动力传媒与冰岛报纸雷克雅未克晚报接触之后,得知它既是一家营销机构,也是一家广告经销商。动力传媒能为雷克雅未克晚报保留重要的客户,支付比谷歌广告联盟更高的费用,但它提供的价格仍远低于标准价。如果达成协议,双方都将受益匪浅。

雷克雅未克晚报的秘密说明

你在雷克雅未克晚报的销售部门工作。该机构成立于1955年,是冰岛历史上最悠久和最具有传统性的报纸之一。然而,尽管年代久远,该报仍旧创建了冰岛领先的在线新闻门户网站,其中包括一块强大的英语版块。与大多数报纸一样,广告是该晚报的主要收入来源。报纸内容对于读者来说是完全免费的,所以广告对于在线新闻门户网站来说尤为重要。你也正在开发该晚报的在线订阅优质版本,这可能是一个长期的挑战,原因有二:一是人们更喜欢免费在线新闻,二是很难找到人们愿意付费的内容或服务。因此,你目前更关注于从在线广告中获得尽可能多的收益的短期目标。事实上,来自雷克雅未克晚报传统报业的收入正在下降,这也会给你带来很大压力。因此,你的业绩将在公司的财务状况中发挥重要作用。

在雷克雅未克晚报的网页上,提供了各种复杂的选择,客户可以购买不同类别的广告和横幅。第二类广告资源中,首页上的次要位置和次要页面上的主要位置,横幅的定价是每千次展示40欧元。实际上,很

49

少有客户愿意支付这个价格。价格通常是通过与广告商协商，并给予较大的折扣。由于这种主观性质，你目前的客户愿意支付的每千次展示①费用在 16 欧元到 32 欧元之间。最高价格由没有经验的当地客户支付。较低的价格提供给积极谈判的市场内部人士。雷克雅未克晚报是冰岛的主要在线广告平台，它拥有强大的市场地位，有助于保持这种高价位。与你直接联系并开发有针对性的广告套餐的客户占雷克雅未克晚报第二类广告资源的 60%（见表 3）。

表3 雷克雅未克晚报第二类广告一览表

广告类别	市场份额	价格/千次展示（欧元）
药品和个人护理用品	4%	32
观鲸者	2%	32
旅游	8%	26
服饰和配饰	10%	25
汽车业	6%	22
餐饮	20%	16
金融服务	10%	16

第二类广告空间中剩余的 40% 属于谷歌广告联盟自动生成的广告客户。与直接客户相比，这些自动生成的广告来自通过谷歌广告联盟计划推出的众多广告客户。谷歌广告联盟只需支付每千次展示 0.60 欧元的极低价格，与直接客户相比，这一价格相当低。谷歌广告联盟自动完成整个流程并且空间总是满的，因此你无须进行客户搜索和购买。

前段时间，德国领先的媒体代理商之一的动力传媒走进了你的生

---

① 与点击不同，一个 impression 就是一次浏览。当广告加载并显示在用户面前时，这就是一次展示。

活。他们的主要关注点是将在线广告领域的市场份额推向市场，而谷歌广告联盟等网站运营商并没有直接将其作为目标。在你看来，这意味着第二类广告资源中有40%属于谷歌广告联盟。你欣喜地发现动力传媒拥有你感兴趣的客户，在准备即将召开的会议时，你需要考虑以下事项。

目前，你可以从谷歌广告联盟的收入（占第二类广告收入的40%）中获得0.60欧元，那么所有高出0.60欧元的价格将增加利润，这是可取的。另一方面，动力传媒将使用广告版面为直接客户提供广告服务，本来你可以从中获得16欧元到32欧元的报酬，但是你得到的远远低于这个价格区间，对此你感到很不满意。

你知道动力传媒拥有众多客户，其中包括不想深入参与广告细节的折扣族，以及那些愿意花高价钱而只关注特定网站的人。对你而言，关键是你知道一家大型德国旅行社TLU正在与动力传媒合作，以便从你那里获得广告版面。不幸的是，你不知道TLU是否确定在你的网站上投放广告，也不知道TLU向动力传媒支付了多少费用。动力传媒显然希望对此事保密。

与动力传媒的前期协商已确定，此潜在协议将仅涵盖你不直接营销的剩余40%的第二类广告版面。但是，如果你发现了新客户或失去旧客户，则会相应调整数量，你与动力传媒的交易绝不会限制你直接销售广告版面。虽然你与动力传媒保持联系已有一段时间，并就交易的一般条款和技术细节达成一致意见，但尚未提及价格一事。因此，你的最初目标是与动力传媒就价格达成共识。你认为长期稳固的关系会对自己有利，可以帮助你摆脱对谷歌广告联盟的低价依赖。你也有意与动力传媒建立良好的关系。

你现在正在与动力传媒的代表会面。

简单来说，你的目标是：
- 尝试协商最优惠的价格；
- 同时，为了未来的合作，尝试与动力传媒建立良好的关系；
- 第二类广告空间的份额和交易的其他方面都不是谈判问题。参赛结果排名完全基于价格和关系；
- 低于 0.60 欧元每千次展示将被视为未达成交易。

动力传媒的秘密说明

你在动力传媒工作，这是一家新兴起的营销机构，是德国在线广告市场的引领者。与其他营销代理商一样，动力传媒是一家企业对企业的媒人，通过门户网站和提供广告版面的其他网站运营商（发布商）将公司（你的客户）与广告需求联系起来。

大型出版商通常直接营销他们的广告版面。价格通常很高，每千次展示约 40 欧元。实际上，很少有客户愿意支付这个价格。价格通常与广告商协商，并且给予很大的折扣。最高价格由没有经验的当地客户支付。较低的价格会提供给市场内部人士，他们谈判更积极，甚至会得到高达 60% 的折扣，有时更多。

近年来，对于许多出版商来说，来自在线广告的收入变得越来越重要。事实上，对于传统的报纸业来说，这已成为一个重要的问题，因为纸质广告的收入因新闻纸质读者数量减少而下降，来自在线新闻的广告收入已成为重要的收入来源。

最受欢迎的网站运营商也会面临的挑战是，即使以协商的折扣价格出售广告版面，他们也无法出售所有可用的广告版面。为了处理剩余版面，他们通常有三种选择：一是他们可以使用未售出的版面来宣传自己，这不会产生直接收入；二是他们可以将版面空着，也不会产生任何收入；三是他们可以出售空间供客户使用，自动生成来自谷歌广告联盟等服务提供商的广告。但是，这几类选择的价格都非常低，约为每千次展示 0.60 欧元，远远低于他们从直接客户那里获得的价格。

动力传媒已经建立了一个成功的商业模式，专注于帮助广告商解决这个问题。它通过购买所有剩余未充分利用的广告空间，然后凭借广泛的客户群力量，以高价将其转售给广告商。实际上，它是一家广告零售商。尽管动力传媒平均每千次展示价格为 2 欧元，与广告客户通常从最大折扣客户获得的价格相比，其平均价格非常低，但仍高于他们从谷歌广告联盟获得的价格。尽管如此，广告客户往往对你的价值主张感到不安。虽然你的主张比其他的任何办法都好，增加收入的速度很快，但他们认为，与直接从常规广告商处获得的价格相比，它的价格低得离谱。因此，他们经常很难大幅度降低价格，此外，还担心提供如此低的价格可能会有很大的不稳定性，从而会影响他们维持自己直接提供更高价格的能力。

你将重新联系一家名为雷克雅未克晚报的冰岛报纸的销售部门。雷克雅未克晚报创办于 1955 年，是冰岛历史悠久的传统报纸之一。近年来，它领先创建了冰岛的在线新闻门户网站，其中包括为国际访客提供强大的英语版块。你已经与雷克雅未克晚报通过电子邮件保持联系，最近已与他们达成协议，共同为第二类广告版面合作（首页上的次要位置和次要页面上的主要位置）。价格是唯一需要谈判的问题。您对雷克雅未克晚报的了解是，他们只对自身无法直接营销的第二类广告版面的讨论感兴趣，目前，上述情况占第二类广告的 40%。但是，如果雷克雅未克晚报找到新客户或失去老客户，协议将保留必要的灵活性，即广告量将被调整，以便交易永远不会限制报纸直接销售广告版面。

你需要为重要客户 TLU 提供广告版面。TLU 是德国最大的旅行社，刚刚决定进入冰岛市场，希望在著名的冰岛网站上放置广告横幅。他们笃定要将广告放在雷克雅未克晚报上，并愿意出高价，即使是支付40欧元的标价。

这让你处于两难境地。一方面，你不希望支付给雷克雅未克晚报高于2欧元的价格，因为这可能会成为一个先例，影响你从其他供应商处获得的价格。另一方面，TLU是一个非常重要的客户。如果无法完成与雷克雅未克晚报的交易，你可能会失去它们。

尽管如此，您可以支付的最高价格是每千次展示10欧元。此外，冰岛市场前景广阔，雷克雅未克晚报是你理想的合作伙伴，你希望与雷克雅未克晚报建立良好的关系。

你现在正在与雷克雅未克晚报的销售代表会面。简单地说：

- 尝试协商尽可能低的价格。
- 同时，尝试与雷克雅未克晚报未来合作建立良好的关系。
- 第二类广告空间的份额和交易的任何其他方面都不是谈判问题。参赛结果排名将完全基于价格和关系。
- 每千次展示超过40欧元将被视为未达成交易。

总结报告

动力传媒是为2015年全球商务谈判挑战赛而写的分配式角色扮演模拟谈判案例。是在慕尼黑举行的决赛中的一轮资格赛中使用的。

动力传媒的代表与雷克雅未克晚报的销售团队之间谈判的主要问题是：动力传媒最重要的客户TLU计划在冰岛开展的营销活动的千次广告展示的价格问题。这两个角色包括各种参考点，可用于调整各自的期望和制定策略。总结如下：

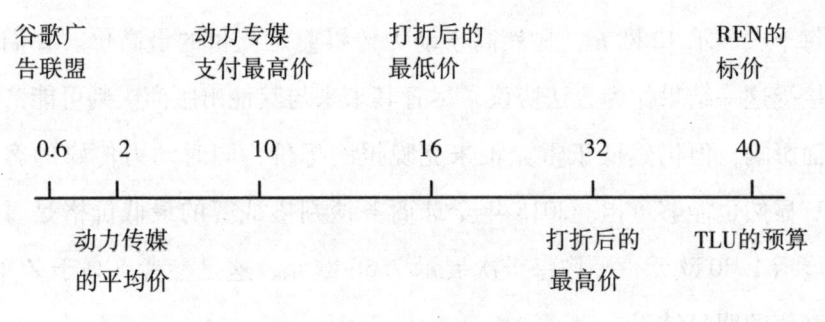

```
谷歌广          动力专媒        打折后的                REN的
告联盟          支付最高价      最低价                  标价

0.6    2        10              16          32          40
├──────┼───────┼───────────────┼───────────┼───────────┤
        
        动力传媒                            打折后的     TLU的预算
        的平均价                            最高价
```

图4　动力传媒角色模拟体系

雷克雅未克晚报的保留点是每千次展示0.60欧元，这是他们可以通过谷歌广告联盟获得的可靠收入。但是，动力传媒不愿意为每千次展示提供超过10欧元的费用。这导致可能的议价区域（ZOPA）为每千次展示9.4欧元。有趣的是，说明中提到的几乎所有参考点都高于动力传媒的保留点。

与本节中的其他谈判案例一样，这种谈判的复杂性在于潜在的协议只是双方之间工作关系的开始。也就是说，只关注以牺牲未来工作关系为代价获得最高或最低价格是一个不太理想的结果。因此，必须仔细权衡在谈判中应用的价值索取策略，结合相应关系制定措施。

为了评估谈判者在谈判挑战中的表现，我们会综合考虑双方同意的物质性结果（价格）与从谈判伙伴处获得的SVI得分中的关系结果。由于每一个变量都以不同的单位表示，我们需要将它们标准化，将其转换为统计分数。然后，将实质性结果和关系性结果的两个分数相加。为每个部分的分数分配不同的权重是有意义的，但对于这个特定的评估，我们对它们进行了相同的权衡，因它能最大程度上体现各方面价格最优化和关系结果的目标，最终每个团队得分与所有参赛团队的总体表现相一致。

为了便于参考，2015年全球商务谈判挑战赛期间获得的最高价格是每千次展示 12 欧元，显然高于动力传媒愿意支付的最高价。我们决定接受这一结果作为合法协议，尽管其未来与其他出版商谈判可能产生负面影响，但仍然低于雷克雅未克晚报的标价，同时动力传媒的客户 TLU 显然也能够负担。2015 年全球商务谈判挑战赛的最低价格是每千次展示 1.80 欧元，平均每千次展示 7.56 欧元，这是参考点高于 ZOPA 最高值的明显结果。

同样在这次谈判中，协商的最高价格伴随着第二高的 SVI 评估，这使得雷克雅未克晚报的团队取得了最有利的结果。尽管最低价格仅产生了平均的 SVI 评估，但它仍然为各自的团队提供了动力传媒团队中最好的总体结果。

我们观察到，在谈判小组中所面临的主要挑战是在其价值索取策略和关系管理的有效性之间找到平衡点。结果清楚地表明，物质性结果和关系性结果不必相互负相关。表现最好的雷克雅未克晚报团队就是一个很好的例子，即使在分配谈判中获得良好的实质性成果也不一定要以破坏关系为代价。

动力传媒是一个角色扮演模拟谈判案例，适合介绍分配协商的主题，还可用于分析首次报价策略的效率及其对谈判方之间关系的潜在影响。

第二节 整合式谈判

谈判挑战赛中模拟的第二种谈判是整合式谈判，也称为非零和谈判，合作或双赢谈判。在整合式谈判中，各方可利用的资源是在谈判过程中通过谈判技能确定的。双方均有机会通过利用彼此潜在的差异

（例如，利益差异，对未来的不同预期，不同的风险厌恶或时间偏好等）以及识别和添加议题来创造价值。整合式谈判的目标比分配式谈判的目标更加复杂，谈判方的目标仍然是竞争性的，专注于索取最大化的可用价值，但其他目标变得具有兼容性，旨在创造并全力挖掘协议中可用的全部价值。

对于这种类型的谈判，重要的是注意谈判情境与其中展示的谈判风格之间的差异。为了充分利用整合式谈判情境，各方必须认识到整合式谈判的潜力，且采取适当的策略。为探索大多数整合式谈判的潜力，纯粹的价值索取策略可能不太适合。相反，各方需要理解谈判问题，表达自己的利益点，理解谈判伙伴的利益，做出创造价值的选择。

我们进一步对这两种谈判类型的差异进行对比。分配式谈判是基于固有的对立利益，为了调和利益，达成协议，其中一方必须让步。在整合式谈判中，这是没有必要的。整合式谈判是通过识别并做出具有创造价值的方案。谈判如果顺利的话，双方都有可能获得自己想要的东西，实现各自的目标。他们之所以能够实现这一点，是因为他们有着不同的利益和谈判价值。简单地说，就是坚持他们最重视的价值，交换对自己相对影响较少的价值来创造价值。

当然，这个价值创造过程会带来一些风险。也就是说，它的先决条件是真实地揭示重要的东西。这是非常敏感的信息，谈判合作伙伴或许会释放潜在的信息做出回应以实现交换，或许会使用释放的潜在信息来彼此较量。因此，经验丰富的谈判者往往是先建立信任，以便他们可以进行整合式谈判。

认识到这种风险后，我们就可以使用各种创造价值的策略。其中最简单的就是利益互换法，也称为"互相捧场"法。这种方法建立在两个原则之上。第一个原则是确保知道什么是对自己最重要的。确定这一点很简单，可以通过利益排序或议题重要性排序的形式来确定。评价所有问题价值的重要性最终是以货币的形式体现。第二个原则是确定并做出合理的权衡。如果双方之间谈判问题的价值不同，则可以通过互换来创建价值①。

区分整合式谈判与分配式谈判的不同情况，并用适当的方法处理这些情况，是一个"伟大谈判者"的重要技能。在谈判挑战赛中要积极使用谈判智商。

本章中的角色扮演模拟案例为谈判者提供了一个测试机会，测试他们是否可以识别需求差异，是否可以通过价值创造和价值索取的技巧充分利用这些差异。为了促进这一目标的实现，我们只进行基于最终结果的可评分评价。因此，在谈判挑战赛的可评分整合式谈判中，对谈判者的表现进行评价时，我们重点关注物质性结果，为了增加其合理性，还会结合关系结果进行评估。

一、主要权利（Staple Rights）

作者：彼得·凯斯汀

参赛队伍：2　准备时间：15–30分钟　谈判时间：30–45分钟

复杂程度：中等

教学目标

保留点，最佳替代方案，信息交换，价值索取策略，信任建立，可持续友好谈判关系的建立，第一报价策略，锚定，客观标准，公正性，

---

① 谈判中价值创造的概念与相对优势理论的原则类似，这个理论出自大卫·里查多1817年所著的一部重要作品，书名叫《政治经济与租税原理》。里查多在一个著名的例子中表明，如果能够以不同的相对边际成本生产葡萄酒，英格兰和葡萄牙都可以从葡萄酒与布料的物物交换中受益。

整合式谈判。

简要描述

主要权利是15世纪莱比锡市官方贸易代表团与神圣罗马皇帝马克西米利安一世代表之间的双方多议题，是一个整合式谈判角色扮演模拟案例。经历了长期的经济繁荣和发展之后，莱比锡市已准备好取代其他发达的神圣罗马帝国城市。要做到这一点，莱比锡市认为自身必须获得其他主要城市拥有的经济增长主要权利（Staple Rights），但只有皇帝才能授予这种权利。在得到皇帝的积极回应后，莱比锡市官方贸易代表团现在必须与他的贸易代表谈判细节。然而，皇帝会考虑更大的区域经济和政治稳定性，皇帝希望提出限制条款。

莱比锡代表团秘密说明

1497年，是世界发生根本变化的一年。大约五十年前，即1447年，约翰内斯·古腾堡（Johannes Gutenberg）发明了一种使用时可移动式的新型印刷技术，这种技术彻底改变了通信和教育。1492年，克里斯托弗·哥伦布（Christopher Columbus）到达了美洲，就在这一年，瓦斯科·达伽马（Vasco da Gama）开始了他的印度之旅，这极大地改变了欧洲文化。不久之后，马丁·路德（Martin Luther）通过宣传他的《九十五条论纲》来播散宗教改革的种子，这在整个欧洲引起了文化和宗教大变革。

莱比锡市也处在这个大变革时代。它位于"via regia"和"via imperii"两条古老的贸易路线的交汇点，几个世纪以来它已经发展成为一个繁荣的贸易中心。它的繁荣和影响力日益凸显，于是在1165年，Margrave Ottovon Meien正式赋予它完整的城市权利，推动了包括德国第二古老的大学莱比锡大学等知名机构在内的强大教育和文化基础设施的发展以及各主要教堂的发展，包括与约翰·塞巴斯蒂安·巴赫（Johann Sebastian Bach）相关的著名的托马斯教堂（Thomaskirche）。

作为莱比锡市官方贸易代表团的一名成员，你很自豪目睹到这个城市的发展和持续繁荣。在这一点上，莱比锡市议会已经向神圣罗马帝国的皇帝马克西米利安一世申请了主要权利。这是一项中世纪权利，授予某些市政当局，他们要求过往商人卸下货物，并在离开这个城市之前将货物展销一段时间，以扩大城市的经济和文化繁荣，使其地位与帝国的其他主要城市相提并论。尽管皇帝对莱比锡市的这一要求作出了非常积极的反应，但他是否能批准仍然不确定，因此，你和代表团现在需要会见他派往莱比锡的代表。

对于这次谈判，你的指示很明确：市议会希望获得永久性的主要权利。考虑到许多类似的城市已经拥有这项权利，若不能获得此项权利将被你方视为不公平，且是不合理的。虽然，主要权利能够迫使商人在莱比锡停留一段时间后再前往预定的目的地，但是这种延迟会阻碍莱比锡市以外地区的贸易。所以，马克西米利安一世皇帝代表团将尽量减少对帝国其他地区的负面影响。考虑到这一点，你必须协商三个问题：

第一，主要权利时间。

这是一个路过的商人必须在城市里提供产品销售的时间。你知道授予权利意味着要提供主要时间，另一方面，这个时间也决定了商家的旅程被延迟的时间，你的目标是尽可能延长这段时间。无论如何，不可少于两天，因为公民需要有公平的机会了解商家。这尤其适用于居住在城墙外的市民，因为他们不会每天进城。

第二，收入分成。

一直以来，由主要权利产生的税收收入与帝国共享。你的目标是通过协商,尽可能给予马克西米利安一世最低的份额。谈判的份额绝对不能够超过50%,这是任何其他城市支付的最高份额。

第三,半径。

为了防止商人绕过城市来规避主要权利,主要权利通常由一个地区来定义。这通常是城市周围的半径,城市需要捕捉所有可能的运输路线。半径越大,归入主要权利的交易者就越多。你的目标是协商尽可能大的半径,无论如何都不得低于40千米(否则选择其他路线太容易了)。你知道有些情况下半径较小,例如这些城市位于河流周围,这些主要权利特别适用于不能轻易改变路线的过往船只。

市议会坚持要达成协议。谈判的失败将损失一个巨大的机会,这是不可接受的。与此同时,市议会仍然要求你协商出最好的结果。经验告诉你,这需要了解不同问题的相对重要性,并将它们相互联系起来。经过长时间的讨论,你已经在内部同意额外一天的主要时间(Staple Time),可以降低税收收入的10%或增加10千米的半径(1天=10个得分点;1%=1个得分点;1千米=1个得分点)。这种评分关系决定了达成协议的价值。

总之,你的目标是:

● 确保与马克西米利安一世皇帝代表团达成协议,授予莱比锡市议会主要权利。谈判莱比锡主要权利并明确他们的确切条件(主要时间,收入分配和半径)。

● 尝试达成最佳协议和最高得分数。

马克西米利安一世代表秘密说明

1497年,是世界发生根本变化的一年。大约五十年前,即1447年,约翰内斯·古腾堡发明了一种使用时可移动式的新型印刷技术,这种技术彻底改变了通信和教育。1492年，克里斯托弗·哥伦布到达了美洲，就在这一年，瓦斯科·达伽马开始了他的印度之旅，极大地改变了欧洲文化。不久之后，马丁·路德（Martin Luther）通过宣传他的《九十五条论纲》来播散宗教改革的种子，在整个欧洲发动文化和宗教大变革。

莱比锡市也处在这个大变革时代。事实上，它位于"via regia"和"via imperii"两条古老的贸易路线的交汇点，几个世纪以来它已经发展成为一个繁荣的贸易中心。1165年，Margrave OttovonMeißen 正式赋予它完整的城市权利，推动了包括德国第二古老的大学莱比锡大学等知名机构在内的强大教育和文化基础设施的发展以及各主要教堂的发展，包括与约翰·塞巴斯蒂安·巴赫相关的著名的托马斯教堂。

莱比锡市议会自然希望看到它的发展和日益繁荣，所以市议会已经向神圣罗马帝国的皇帝马克西米利安一世申请了主要权利。主要权利是一项中世纪权利，授予某些市政当局，他们将要求过往商人卸下货物，并在离开这个城市之前将货物展销一段时间，以扩大城市的经济和文化繁荣，使其地位与帝国的其他主要城市相提并论。在这方面，莱比锡近期的经济和文化发展给罗马帝国皇帝马克西米利安一世留下深刻的印象，他对莱比锡市议会书面要求获得主要权利做出了积极的回应，已派你和代表团前往莱比锡会见该市的代表，并就获得权利的条件进行谈判。

你的目标基本清晰。马克西米利安一世希望授予莱比锡永久性的主要权利。鉴于帝国的许多类似城市如科隆、柏林和马格德堡已经拥有此项权利，莱比锡认为若没有获得此项权力是不公平的，并且会阻碍政治和经济发展。但是，马克西米利安一世还必须考虑到，这一特权不会过度影响其他地区的贸易。因此，你在协商三个不同问题时需注意技巧。

第一，主要权利时间。

第三章 掌握四种谈判类型

这是过往商人必须在城市中出售其产品的时间。你知道授予权利意味着要提供主要时间,另一方面,这个时间也决定了商家的旅程被延迟的时间。你的目标是尽可能缩短这个时间。时间绝对不可以超过七天,因为时间的延迟会严重阻碍地区间的商业贸易。

第二,收入分成。

一直以来,由主要权利产生的税收收入与帝国共享。这是你的份额,是授予主要权利的重要动机。你的目标是通过谈判获得最大的份额,绝对不可以低于20%,这是其他城市支付的最低水平。

第三,半径。

为了防止商人通过简单绕过城市来规避主要的权利义务,主要权利通常由一个地区来定义。这通常是城市周围的半径,城市需要捕获所有可能的运输路线。半径越大,归入主要权利的交易者就越多。你的目标是协商尽可能小的半径,但无论如何都不得超过115千米,以避免造成"与"周边城市的利益冲突。

马克西米利安一世坚持要求达成协议。谈判失败将会严重损害他与这个重要城市之间的关系,这是不可接受的。与此同时,马克西米利安一世仍然要求你谈判达成最佳结果。经验告诉你,这需要了解不同问题的相对重要性,并将它们相互关联。经过长时间的讨论,你已经同意将主要时间减少一天,相当于增加税收收入的10%或增加40千米的半径(1天=20个得分点;1%=4个得分点;1千米=0.5个得分点)。这种评分关系完全决定了你需要达成协议的价值。

总之,你的目标是:

- 确保与莱比锡市议会达成协议,授予莱比锡主要权利并明确他们的确切条件(主要时间,收入分配和半径)。
- 尝试达成最佳协议和最高得分数。

总结报告

主要权利是为莱比锡的2010年全球商务谈判挑战赛而编写的多议题,是一个整合式谈判角色扮演模拟案例。要求参与团队代表莱比锡市政府或神圣罗马帝国的统治者马克西米利安一世,就该城市希望获得的主要权利的确切条件进行谈判。

根据指示,谈判各方的偏好可以通过以下公式量化和表达:

莱比锡的得分=10×主要时间−1×收入分成+1×半径

"增加一天的主要时间相当于减少税收收入的10%或半径增加10千米(1天=10个得分点;1%=1个得分点;1千米=1个得分点)"

马克西米利安一世的得分=120−20×主要时间−4×收入分成−0.5×半径

"减少一天的主要时间相当于增加税收收入的10%或半径增加40千米(1天=20个得分点;1%=4个得分点;1千米=0.5个得分点)"

秘密须知和相应的公式清楚地揭示了各种谈判问题的价值差异。这为利用这些差异提供了机会,也为各方提供了创造价值的机会。

值得注意的是,增加将偏好明确转换为评分的注释并非绝对必要;我们决定这样做只是为了提高说明的清晰度。虽然马克西米利安一世的评分函数中没有直接提及其秘密须知中的120千米,但添加它可以使双方的偏好图形表示更加接近彼此。

此外,双方还就每个谈判问题的保留点发出指示。如表4所示:

表4 各方的保留点和可能的协议区域(ZOPA)

谈判议题	最小值	最大值
主要时间[天]	2	7
马克西米利安一世收入分成[%]	20%	50%
半径[千米]	40	115

将评分函数与相应的保留点相结合，我们可以绘制帕累托效率边界图，如图5所示：

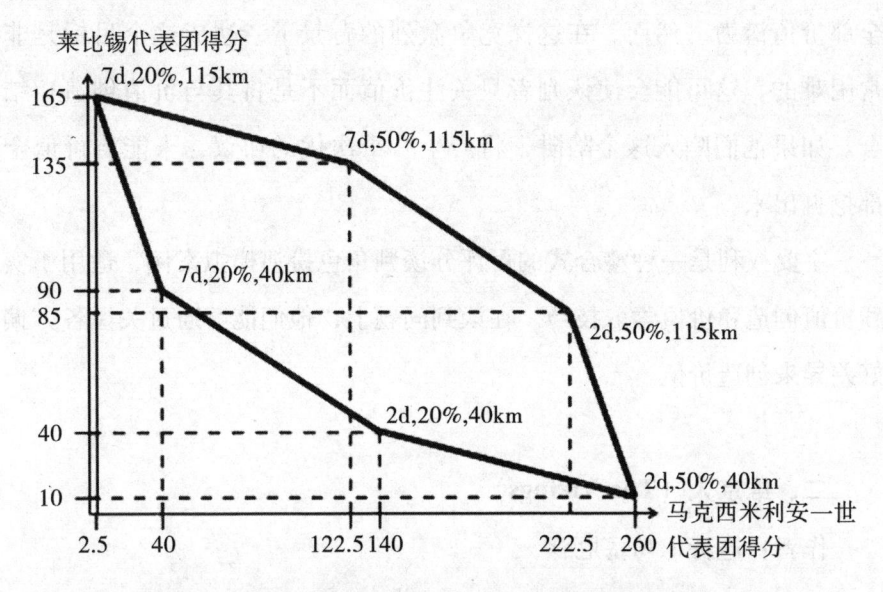

莱比锡代表团得分

```
165 ┤7d,20%,115km
    │╲
135 ┤ ╲──────────7d,50%,115km
    │  ╲         
 90 ┤   7d,20%,40km
 85 ┤                              2d,50%,115km
    │
    │
 40 ┤            2d,20%,40km
    │
 10 ┤                                    2d,50%,40km
    └─┬───┬─────────┬─┬──────────┬───┬──→ 马克西米利安一世
     2.5 40      122.5 140     222.5 260    代表团得分
```

图5 含帕累托效率边界草图的主要权利扮演模拟体系

量化的偏好使我们能够根据谈判中获得的物质性结果推断出谈判者的表现。根据物质性结果，可以评估各方在价值创造和索取方面的成功表现。价值创造和索取可以单独评估，不过对于谈判挑战，我们只将最终结果进行比较。同样在整合式谈判中，每一方的最终目标是使自身利益最大化，这些利益是价值创造和索取技巧的结合。

为了便于参考，在2010年全球商务谈判挑战赛期间，代表莱比锡市的团队获得的最佳物质性结果是130分，并且签订的协议包括7天的主要时间，50%的税收收入及110千米的半径。代表马克西米利安一世的参与队伍中最好的物质结果是260分，相应的协议包括两天主要时间，50%的税收收入和40千米的半径。在每个角色中获得的平均结果差异很大，莱比锡市为73.42，马克西米利安一世为174.67。

65

谈判小组面临的主要挑战是要在他们之间建立足够的信任，共享所有的信息包括敏感信息，从中确定增值选择，然后充分利用谈判的全部价值潜力。然而，在这样竞争激烈的背景下，达成这个目标是非常困难的，这可能会使谈判者只关注价值而不是将其与价值创造相结合。如果他们陷入这个陷阱，将产生一个次优的协议，未能将价值全部挖掘出来。

主要权利是一种整合式的可评分谈判角色扮演模拟案例，适用于实践价值创造和价值索取技巧。在谈判问题上，他们能够通过关注各方偏好差异来创造价值。

二、维京人（The Vikings）

作者：迪特·马塞厄森

谈判方数量：2　准备时间：30 分钟　谈判时间：40-60 分钟　复杂程度：高

教学目标

保留点，最佳替代方案，信息交换，价值索取策略，信任建立，持续友好谈判关系的建立，第一报价策略，锚定，客观标准，公正性，整合式谈判。

简要描述

维京人是双方多议题，混合动机谈判角色扮演模拟案例。故事发生在早期冰岛维京两个部落之间，部落领导人讨论如何分配最近从东南部富裕领地中获得的宝藏，包括：长船，武器，银币，谷物，奶牛，武器和酒。由于各种复杂的问题，双方就珍宝分割问题一直未能达成一致。

复杂因素包括：近期双方关系恶化，逐渐失去信任导致敌意。此外，双方都对突袭作出了不同的贡献，都认为突袭有助于问题的解决。解决这些复杂的问题对达成友好协议至关重要。

南方阿尔纳尔松部落的秘密说明

885年是冰岛最冷的一年。十一年前，阿尔纳尔松（Ingólfur Arnarson）和你的部落乘七艘长船来到冰岛东南部。当看到陆地时，你将一根有雕刻图案的柱子扔进了水中，决定在柱子被冲上岸的地方定居。最终到了一个地面升起雾气的地方，你决定将它命名为雷克雅未克，意为雾的海湾。

然而，抵达后不久，你和北方部落因为领土争端问题发生冲突。前三年里，北方部落首领贡纳（Gunnar Garðrson）非常厌恶你，部落之间发生过几次争斗。幸运的是，你拥有经验丰富的战士，最终取得了战争的胜利，同时也获得了大片的土地，可以用来发展农业。

这场冲突，最终使领土边界问题确定下来，分为以你为首的南方领地和以贡纳为首的北方领地。在过去八年中，两个部落之间偶尔有通婚，一起共事，关系得到了很大改善。去年冬天，两个部落联合袭击了东南部的富裕领地。

突袭队由五艘长船和100名战士组成。事先你没有同意如何分割战利品，但你确实同意突袭队的组织安排。北方部落在突袭队中有65名战士，人数比南方部落的多，你觉得公平，因为你的战士显然更强大，而且，你提供的长船占五分之三。

然而，最近发生了一些变化。冬天两个部落的战士离开后，贡纳和他的部落不再可靠，且充满了敌意，你也强烈地感觉到他不再信任你，这一切都让你忧心忡忡。例如，在维斯廷纳（Bjǫrnólfr Vésteinnson）的

67

女儿（维斯廷纳是贡纳的一个顾问）和你部落中一名战士的婚礼上，由于对嫁妆问题的误解，差点爆发了一场战斗。具体来说，就是贡纳指责你将商定的嫁妆从2,700克白银增加到3,800克。你对这个指控极为不满，因为2,700克白银只是最初的建议并未达成一致意见。另外，他们试图与一些旅行者联合交易，以骗取你方应得的利润，导致你的继兄哈马桑（Hjörleifr Hróðmarsson）和贡纳之间发生了斗争。从此，你不再与他们有任何接触。

不幸的是，去年冬天两个部落之间的信任关系恶化，但又恰好联合突袭队成功带回很多珍宝，是否能够公平分割珍宝，这个问题亟待解决。你和继兄哈马桑以及你的儿子格苏桑（Torsteinn Ingólfsson）将会与贡纳、他的妻子萨瓦尼提（Halldóra Svararsdottir）及他们的智者维斯廷纳会面，谈判如何分割珍宝。事实上，由于贡纳在最近的婚礼上所做出的冒犯行为，又有优秀的战士陪同他参加谈判，你对贡纳可能做出的事情感到有些担忧。因此你也让战士们准备就绪，相信他们的能力，必要时做好战斗的准备。会面之前，你收到一份有关突袭队带回来的珍宝清单：

长船

除了原来用于突袭、战争的五艘长船，战士还额外带回了五艘长船。长船是一种轻型木船，主要用于战争和探险。船身狭长，是为速度和敏捷专门设计的，特别适合在浅水区登陆和部署部队。五艘长船的状态非常好，而且非常大，每艘船各有30个划艇长椅，长度是你准备好的五艘长船总长度的两倍。你认为长船的价值大约是每艘2,800克白银。

游艇

除了长船，他们还带回了两艘游艇，也是木船。由于船体较宽，吃水较深，桨数量有限，速度不如长船。尽管如此，还是非常有用的，因为它们可以装载大量的货物，在横渡大西洋时是一种必需品。此外，这些船只在险恶的公海上更安全，估计价值大约是4,500克白银。

硬币

你从来没有真正见过一枚硬币，但在过去的几年里，你已经听说过用作支付手段的硬币的概念，它不像白银一样按重量来支付。他们从这次远征突袭中带回了22,000枚由银制成的硬币，每枚硬币由1.5克白银制成。你只知道根据白银的重量来支付，为了确保你对各种珍宝的价值有一个准确的理解，你仍然用白银的重量单位克对珍宝进行估值。如果你能够获得20,000个硬币或更多，就可以获得额外的3,000克白银。

谷物

谷物非常重要，既可以当作食物，也可用来当种子，但对你来说不是最重要的东西。如果去东部，每袋谷物价值为800克白银。战士们带回了10袋谷物，但你只需要两袋，一袋只为提供足够的食物来度过明年冬天，另一袋为下一个春种提供足够的种子。如果你得到两袋以上的粮食，你只需要在下一次东部贸易远行中出售这些多余的谷物。如果得到两麻袋谷物付出的代价太大，你有信心安排其他来源。

奶牛

战士带着8头奶牛返回。奶牛可以为你的部落提供牛奶和肉类，对你来说非常有价值。你也知道某地每头奶牛可以卖1,200克白银！你想为部落至少争取4头奶牛，当然越多越好。

武器

战士们带回的武器数量惊人，共计400件，包括头盔、盾牌、剑、长矛和锁子甲（铁环串起做成的盔甲）。不管何种武器，一件武器的价格是100克白银。由于多种原因，通常不接受对武器的价格讨价还价。

酒

作为维京人，你认为酒非常重要。这种酒比你平常喝的啤酒烈得多。战士说这种酒叫威士忌。你以前从未喝过这种酒,这是一种特殊产品。战士们在回家的路上喝了五桶,还剩下二十桶。这些酒既可以用于特殊场合,也可以以每桶约800克白银的价格出售。

表5列出了维京人从突袭中带回的物品,包括每单位白银的价值和可能的附加额。

表5　阿尔纳尔松部落突袭来的财富价值

物品	克银/每单位	附加额
5艘长船	2,800 克银/艘	
2艘游艇	4,500 克银/艘	
22,000 银币	1.5 克银/枚	若出售 20,000 件或更多,可多得 3,000 克银
10 袋谷物	800 克银/袋	
8 头奶牛	1,200 克银/头	
400 件武器	100 克白银/件	
20 桶酒	800 克银/桶	

即使你有过暴力解决争端的历史,你也不能用暴力或武力来分割两个部落之间的财富。相反,你必须通过谈判达成一个好协议。你可能会特别喜欢其中一些物品,最终只有一件事是重要的:白银的总价值。不要忘记每件物品的价值等于一定数量的白银。你希望用一种方式与北方部落分割珍宝,且这种方式可以使自己得到最大利益,所得价值用白银来衡量。另外,不要忘记:

- 您只能协商战利品中包含的物品,不得增加未涉及的物品。
- 有效交易必须涉及所有七种物品的协议。如果只能同意某些项目,则不会达成有效的交易。
- 在这次谈判中,你最终得到的白银数量是最重要的。任何可以增加白银的交易都是可以接受的。交易失败意味着损失白银。

表6 阿尔纳尔松部落的战利品价值表

长船		游艇		硬币*		谷物*	
5	14,000	2	9,000	22,000	36,000	10	8,000
4	11,200	1	4,500	20,000	33,000	8	6,400
3	8,400			15,000	22,500	6	4,800
2	5,600			10,000	15,000	4	3,200
1	2,800			5,000	7,500	2	1,600
				1	1.5	1	800

奶牛*		武器*		酒*	
8	9,600	400	40,000	20	16,000
6	7,200	300	30,000	15	12,000
4	4,800	200	20,000	10	8,000
2	2,400	100	10,000	5	4,000
1	1,200	1	100	1	800

*选定货物数量的样本计算。你不必拘泥于表中列出的金额,也可以同意所列金额范围的分歧,例如:11,000枚硬币(16,500克白银),5袋谷物(4,000克白银),5头牛(6,000克白银),201件武器(20,100克白银)和9桶酒(7,200克白银)。

请不要让谈判对手看到你的估价表!

北方贡纳部落的秘密说明

885年是冰岛最冷的一年。你在西北部生活了将近20年。你叫贡纳,20年前你随你的父亲萨瓦桑(Garear Svavarsson)来到这里,发现了这个岛屿,并最初把它命名为盖达拉舒迷(Garðarshólmi)。后来,你听说一个叫弗劳克(Flóki)的人把它改名为冰岛(Ísland),你觉得这个名字很讽刺,因为这个地方几乎没有冰。你的父亲离开之后,你决定和家人一起住在这里，建立一个部落。

十一年前，一个名叫阿尔纳尔松的男子和他的部落抵达该岛的南部，定居在一个名为雷克雅未克的地方，意为雾的海湾。这个地方在你所居住村庄的南部，路程需要两天的时间。

尽管两个部落之间在他们抵达后的头三年内发生过几次冲突，但最终还是达成了和平共处协议，就领土边界问题达成正式协议，你的领土为北方领地，他为南方领地。实际上，在过去八年中，双方关系确实已经有了很大的改善，偶尔会发生通婚，两个部落都在一起共事（这是一件好事，因为他的战士非常强大并且经验丰富）。事实上，就在去年冬天，你和他们的首领阿尔纳尔松还联合突袭了东南部的富裕土地。

突袭队由五艘长船和100名战士组成。事先你们没有就带回的财宝如何分割达成任何协议，但除了要保留自己的船只和战士之外，你确实同意突袭队的组织安排。你的部落比南方部落的战士多，你提供了65名战士，作为回报，五艘长船中他们提供了三艘。

然而，最近发生了一些变化。自从战士们今年冬天离开后，你越来越忧心阿尔纳尔松和他的部落，你觉得他们对你们的敌意越来越强。例如，在维斯廷纳的女儿（维斯廷纳是贡纳的顾问）和他部落中一名战士的婚礼上，由于对嫁妆问题的误解，差点爆发了一场争斗。具体来说，婚礼当天，他们要求嫁妆由原来的2,700克白银增加到3,800克白银。幸好你的战士外出突袭，否则可能升级为一场战斗。另外，他们也曾试图骗取你与一些旅行者联合交易所取得的利润，这导致你和阿尔纳尔松的继兄哈马桑之间发生了一次争斗。从那以后，你不再和他们有任何来往了。

不幸的是，两部落之间的关系和信任发生恶化的时候，突袭队刚好又成功带回来很多珍宝。现在，考虑到你是否可以相信他们公平地分割珍宝这个问题，你和你的妻子萨瓦尼提及你的智者维斯廷纳将会与阿尔纳尔松、他的继兄哈马桑以及他的儿子格苏桑进行会面，就如何分割珍宝进行谈判。事实上，想到南方部落在婚礼上表现出的敌意，你有些担忧。你已经安排了最优秀的士兵在门外守候，以防他们动用暴力。会面之前，你收到一份有关突袭队带回来的珍宝清单：

长船

除了原本用于突袭的五艘长船之外，战士还额外带回五艘长船。长船是一种轻木船，主要用于战争和勘探。船体狭长，具有快速和敏捷的特性，特别适合在浅水中着陆，进行军队部署。五艘长船的状况良好，船体高，各有30个划艇长椅，长度是原来五艘长船总长度的两倍，长船的价值大约是每艘3,200克白银。

游艇

除了长船，他们还带回了两艘游艇，也属于木船。由于更宽的船体，较深的吃水和有限的桨数，不能像长船一样快。尽管如此，你还是认为它们更贵，更实用，可以携带大批货物，是穿越大西洋的必需品。另外，这些船在危险的公海会更安全。你估计每艘游艇的价值约为3,000克白银。

硬币

你从来没有真正见过一枚硬币，但在过去的几年里，你已经听说过硬币的概念，是一种支付手段，不像白银一样按重量支付。这次远征从突袭中带回了22,000枚由银制成的硬币，每枚硬币由1.5克白银制成。你只知道根据白银的重量来支付。为了确保你对各种珍宝的价值有一个准确的理解，你仍然选择用白银的重量单位克对珍宝进行估值。

谷物

谷物非常重要，既可以当作食物，也可用来当种子，但对你来说不是最重要的。如果去东部，每袋谷物价值为 500 克白银。战士们带回了 10 袋谷物，你只需要两袋，一袋为你们提供足够的食物来度过明年冬天，另一袋为下一个春季的种植提供足够的种子。如果你得到两袋以上的谷物，你只需要在下一次东部贸易远行中出售这些多余的谷物。如果得到两麻袋谷物付出的代价太大，你有把握可以从其他渠道获得谷物。

奶牛

战士带着 8 头奶牛返回。奶牛对你来说非常有价值，可以为你的部落提供牛奶和肉类。你也知道某地每头奶牛可以卖 1,500 克白银！你想至少为部落争取四头奶牛，越多越好。

武器

战士们带回了数量惊人的武器，共计 400 件，包括头盔、盾牌、剑、长矛和锁子甲（铁环串起做成的盔甲）。不管是什么种类的武器，一件武器的价格是 100 克白银。由于多种原因，通常不接受对武器的价格讨价还价。除此之外，你知道有人非常想要隐藏大批武器，如果你可以出售 240 件或更多的武器，他们会另外给你 3,000 克白银。

酒

作为维京人，你认为酒非常重要。然而，这种酒比你平常喝的啤酒烈得多。战士说这种酒叫威士忌。你从未喝过这种酒，觉得它是一种特殊产品。战士们在回家的路上喝了 5 桶，还剩下 20 桶。这些酒既可以用于特殊场合，也可以以每桶约 800 克白银的价格出售。

表 7 列出了维京人从突袭中带回的物品，包括每单位白银的价值和可能的附加额。

表 7 贡纳部落突袭珍宝及价格一览表

物品	克银/每单位	附加额
5 艘长船	3,200 克白银/艘	
2 艘游艇	3,000 克白银/艘	
22,000 硬币	1.5 克白银/枚	
10 袋谷物	500 克白银/袋	
8 头奶牛	1,500 克白银/头	
400 件武器	100 克白银/件	若出售 240 件或更多的武器，可多得 3,000 克白银
20 桶酒	800 克白银/桶	

即使你有过暴力解决争端的历史，你也不能用暴力或武力来分割两个部落之间的财富。相反，你必须通过谈判达成一个好协议。虽然，你可能会特别喜欢其中一些物品，但最终只有一件事是重要的：白银的总克数。因此，不要忘记每件物品的价值等于一定数量的白银。你希望用一种方式与南方部落分割珍宝，且这种方式可以使自己得到最大的价值，所得价值用白银来衡量。另外，不要忘记：

- 您只能协商战利品中包含的物品，不得增加未涉及的物品。
- 有效的交易必须涉及七种物品的协议。如果只能在某些条款上达成一致，则不会达成有效的交易。
- 在这次谈判中，你最终得到的白银数量是最重要的。任何可以增加白银的交易都是可以接受的。交易失败意味着得不到白银。

表 8 贡纳部落的战利品价值表

	长船		游艇	硬币[*]		谷物[*]	
5	16,000	2	6,000	22,000	33,000	10	5,000
4	12,800	1	3,000	20,000	30,000	8	4,000
3	9,600			15,000	22,500	6	3,000

续表

	长船		游艇		硬币*		谷物*
2	6,400			10,000	15,000	4	2,000
1	3,200			5,000	7,500	2	1,000
				1	1.5	1	500

	奶牛*		武器*		酒*	
8	12,000	400	43,000	20	16,000
6	9,600	300	33,000	15	12,000
4	6,000	200	20,000	10	8,000
2	3,000	100	10,000	5	4,000
1	1,500	1	100	1	800

*选定货物数量的样本计算。你不必拘泥于表中列出的金额，也可以在允许的范围内就其他的划分达成一致，例如：11,000枚硬币（16,500克银），5袋谷物（2,500克银），5头牛（7,500克银），201件武器（20,100克银）和9桶酒（7,200克银）。

请不要让谈判对手看到你的估价表！

总结报告

维京人是为2014年全球商务谈判挑战赛而编写的多议题、混合动机的谈判角色扮演案例。在谈判之前，参与者们与穿着打扮像传统维京人的演员进行了一场短暂的战斗演习。

角色扮演中描述的谈判发生在南部地区的阿尔纳尔松部落和北部地区的贡纳部落之间。双方的主要目标是获取在东南部富饶土地上联合突袭而带回的最有价值的战利品。

以下是保密须知中显示的突袭中获得的战利品清单及对应的价值：

<<< 第三章 掌握四种谈判类型

表9 阿尔纳尔松和贡纳的战利品价值一览表

物品	数量	单价(阿尔纳尔松)	单价(贡纳)
长船	5	2,800	3,200
游艇	2	4,500	3,000
硬币	22,000	1.5	1.5
谷物	10	800	500
奶牛	8	1,200	1,500
武器	400	100	100
酒	20	800	800

表10 谈判双方涉及议题的不同价值

	长船			游艇			硬币*	
5	14,000	0	2	9,000	0	22,000	36,000	0
4	11,200	3,200	1	4,500	3,000	20,000	33,000	7,500
3	8,400	6,400	0	0	6,000	15,000	22,500	15,000
2	5,600	9,600				10,000	15,000	22,500
1	2,800	12,800				5,000	7,500	30,000
0	0	16,000				0	0	33,000
	谷物*			奶牛*			武器*	
10	8,000	0	8	9,600	0	400	40,000	0
8	6,400	1,000	6	7,200	3,000	300	30,000	10,000
6	4,800	2,000	4	4,800	6,000	200	20,000	20,000
4	3,200	3,000	2	2,400	9,000	100	10,000	33,000
2	1,600	4,000	0	0	12,000	0	0	43,000
0	5,000	5,000						
	酒*							
20	16,000	0						
15	12,000	4,000						

77

续表

	酒*						
10	8,000	8,000					
5	4,000	12,000					
0	0	16,000					

此外，阿尔纳尔松获得至少 20,000 个硬币，就可以获得额外的 3,000 克白银，同样，贡纳获得 240 件武器，就可以得到额外的 3,000 克白银。表 10 列出了阿尔纳尔松和贡纳所提供的可能谈判的价值。每个项目的第一列显示的是分配给阿尔纳尔松的物品数量，中间一列显示分配给阿尔纳尔松的价值，右列显示分配给贡纳的价值。

很明显，根据两个表中的信息，这个模拟之所以复杂，是因为涉及的项目多且种类不同。长船、游艇、谷物和奶牛明显是综合项目。双方对它们的价值评判不同，可以通过将它们分配给更重视它们的一方来创造价值。相反，酒是纯粹的分配型问题。每种酒的分配价值总和不会改变，都是 16,000 克白银。此外，每个硬币的价值乍看是一样的，其实具有欺骗性。阿尔纳尔松为了可以索取 20,000 个硬币而得到额外的白银，使得每个单位硬币的价值增加到那个点。对于贡纳的武器而言，也是同样的情况。任何超过 2,000 个硬币以及 240 件武器的花费，都会让双方进行再分配。

为了挖掘这次谈判的全部潜力，每个人都需要确定并坚持获得他们最重视的东西。这意味着需要将所有长船、奶牛和至少 240 件武器分配给贡纳。反过来，阿尔纳尔松应该得到所有游艇、谷物和至少 20,000 单位的硬币。对酒的分配不会改变交易的总价值。帕累托效率结果可累计达到 140,000 克白银。

由于角色扮演的复杂性，帕累托效率结果只发生在不到 10% 的谈判对话中。这些结果需要在各方之间建立信任关系和真实的信息共享。参加"2013年全球商务谈判挑战赛"的团队都没有办法达成帕累托效率协议，尽管每个角色中的一些人最终获得了超过70,000克白银，这甚至是从140,000克白银的总数中分离出来的。

量化偏好使我们能够根据谈判中谈判者对获得的物质性结果的表现做出推断。在此基础上，我们可以评估各方在价值创造和价值索取方面的成功表现。虽然可以分别评估价值创造和价值索取，但对于谈判挑战赛，我们只考虑最终结果的比较。

谈判小组面临的主要挑战是如何在他们之间建立足够的信任，分享有关偏好的敏感信息，确定增值选项，从而挖掘谈判的全部价值潜力。在竞争激烈的背景下，这尤其困难，可能会使谈判者只关注价值诉求而不是将其与价值创造相结合。如果他们陷入这个陷阱，将产生一个不理想的协议，未能将价值全部挖掘出来。

维京人是一个整合式的谈判角色扮演模拟案例，适用于锻炼价值创造和价值索取技能。各方偏好的差异和谈判问题的估值使他们能够通过关注他们最重视的东西来创造价值。

三、奥西斯航运（Oasis Shipping）

作者：彼得·凯斯

谈判方数量：2　准备时间：30分钟　谈判时间：45分钟　复杂程度：中

教学重点

保留点，最佳替代方案，利益分析，信息交换，首次报价策略，锚定，互相捧场，价值创造和价值索取策略，衡量谈判者效率，帕累托最优化，关系建立，信任创造，客观标准，公平，整合式谈判。

简要描述

奥西斯航运是希腊亚航运公司与丹麦金融公司索伦森之间的一个多议题、整合式谈判角色扮演模拟案例。为了爆炸性增长融资，奥西斯航运正寻找一种创新的方法。多年来，奥西斯航运的管理一流，目前需要五艘新船来满足客户的需求。不幸的是，目前的流动资金状况令其购买计划受挫。因此，奥西斯正会见索伦森投资公司，讨论并商定一些创新方案。一旦成功，双方都有可能获得丰厚的利润。

奥西斯航运有限公司秘密说明

你是奥西斯航运有限公司的总经理，这是希腊一家成功的中型航运公司，总部设在希腊雅典。奥西斯航运有限公司成立于1905年，在过去很长一段时间内，它只是一家规模较小，保持着适度增长和合理利润的区域性航运公司。然而，当前任老板，创始人的曾孙，亚里士多德·奥西斯接管后，情况发生了变化。当时新任苏联总统兼总书记米哈伊尔·戈尔巴乔夫开始放宽苏联贸易政策，亚里士多德·奥西斯是该公司最早意识到黑海市场巨大潜力的人之一。公司贸易向这个新市场开放后，迎来了第一阶段的爆炸性增长。随后，你接管了他的工作。当时，公司所在的位置靠近苏伊士运河，你意识到这可以为公司在东非新兴贸易市场上的竞争提供物流优势，从而带领公司进入了下一阶段的增长。公司现今能在非洲和中国之间日益增长的贸易中占有相当的份额，可能与这些成果分不开。

近期的金融危机以及由此导致的全球贸易和航运放缓给公司现金储备和信贷额度带来了巨大压力，但你公司凭借强大的基础设施储备和高效运营不仅能够"渡过难关",还在竞争对手纷纷宣布破产时扩充了客户群。然而,这种意外增长也带来了另一个问题。为了履行这些新合同,你需要加购五艘船,估计花费3亿美元。现在,现金储备不足,无法直接购买,而大量信贷给公司运营带来诸多挑战。你意识到必须尽快找到创新的融资方案。在与多家金融提供商会谈后,您最终决定与索伦森投资公司合作,这是一家成熟的丹麦航运业金融公司。具体而言,你向他们提议就船队中的五艘船签订一份"出售和回租"合同。交易要求将这五艘船卖给索伦森。之后,索伦森在一段特定的时间内将它们回租给你。租赁期结束后,船属于新船东,即索伦森投资公司。

为推进谈判,在与他们会面之前,你和首席财务官及一位外聘顾问已经确定以下问题。你们一致认为销售和回租合同的财务收入将完全取决于这三个参数:

销售价格。也就是你把船卖给索伦森的价格。对此,关键在于你要获得购买五艘新船所需的3亿美元,否则,这笔交易就毫无意义。当然,若能在这笔交易中获得的资金超过3亿美元,那就锦上添花了。航运是有风险的,增加额外的现金流动资产可以优化资产负债表,从而大大减轻压力。因此,你真切地希望销售价格可以达到3.5亿美元,越多越好。

租赁利率。这是你回租船每年要支付的利率。你预计这五艘船每年能创造约60%的总利润,航运风险仍然是存在的,你希望这个利率越低越好。但是,此利率还考虑了融资者的交易风险以及船舶的折旧,你认为20%的年利率是公平的。当然,你知道任何金融投资者都可以寻找更好的条件进行资产再融资——这是他们获利的关键。

租赁合同的期限。出于种种原因,你需要在这笔交易中保持一定的财务稳定性,希望合同期限至少为5年。合同期限越长,利润就越多。

一些重要的运输合同将在 10 年后到期，你希望租赁合同不会超出此期限。

此外，首席财务官和他的团队花了大量时间来计算合同的财务收入。他们发现，如果销售价格为 3.5 亿美元，租赁年利率为 20%，合同期限为 5 年，你从新船中获得的基础利润将是 2 亿美元。此外，销售价格每增加（减少）100 万美元，利润增加（减少）200 万美元；租赁利率每增加（减少）1%，利润减少（增加）1000 万美元；合同期限每增加（减少）一年，利润增加（减少）5000 万美元。

你已经与索伦森讨论了交易背景和实质内容，现在正在与该公司的代表团会面，其中包括该公司的总经理和两名项目经理，以便就上述细节达成协议。你的目标是与奥西斯航运有限公司达成协议尽可能争取最高利润。

以下是你最重要的一些指示和目标的简要概述：

• 若销售价格为 3.5 亿美元，租赁利率为 20%，合同期限为 5 年，交易的净利润为 2 亿美元。

• 销售价格低于 3 亿美元，不达成任何交易。

• 任何交易期限不可超过 10 年。

• 销售价格每增加（减少）100 万美元，利润就增加（减少）200 万美元。

• 租赁利率每增加（减少）1%，利润就减少（增加）1000 万美元。

• 合同期限每增加（减少）1 年，利润就增加（减少）5000 万美元。

因此，利润可由下列等式表示：

$\text{利润}_{\text{奥西斯}} = 200 + 2 \times (\text{售价} - 350) - 10 \times (\text{租赁利率} - 20\%) + 50 \times$

（租赁期限-5）

- 此轮谈判的结果排名完全取决于你的利润。
- 你的利润仅包含上述要素。
- 违反上述任何限制的交易均无效。

下表显示了三种情况下租赁利率和合同期限进行不同组合的利润：销售价格为3亿美元（表11）；销售价格为3.5亿美元（表12）；销售价格为4亿美元（表13）。请注意，谈判并不局限于表中的组合——你还可以在不违反上述限制的情况下，就所有其他销售价格、租赁利率和合同期限的组合进行谈判。

表11 售价为3亿美元时租赁利率和合同期限的不同组合下

奥西斯航运有限公司获得的利润（百万美元）

	3年	4年	5年	6年	8年	10年
12%	80	130	180	230	330	430
16%	40	90	140	190	290	390
20%	0	50	100	150	250	350
24%	(40)	10	60	110	210	310
28%	(80)	(30)	20	70	170	270
32%	(120)	(70)	(20)	30	130	230
40%	(200)	(150)	(100)	(50)	50	150

表12 售价为3.5亿美元时租赁利率和合同期限的不同组合下

奥西斯航运有限公司获得的利润（百万美元）

	3年	4年	5年	6年	8年	10年
12%	180	230	280	330	430	530
16%	140	190	240	290	390	490
20%	100	150	200	250	350	450

续表

	3年	4年	5年	6年	8年	10年
24%	60	110	160	210	310	410
28%	20	70	120	170	270	370
32%	(20)	30	80	130	230	330
40%	(100)	(50)	0	50	150	250

表13 售价为4亿美元时租赁利率和合同期限的不同组合下奥西斯航运有限公司获得的利润（百万美元）

	3年	4年	5年	6年	8年	10年
12%	280	330	380	430	530	630
16%	240	290	340	390	490	590
20%	200	250	300	350	450	550
24%	160	210	260	310	410	510
28%	120	170	220	270	370	470
32%	80	130	180	230	330	430
40%	0	50	100	150	250	350

索伦森投资公司秘密说明

你是索伦森投资公司的所有者，这家丹麦金融公司在航运业经验丰富。你的最新项目是与奥西斯航运有限公司签订一份"销售与回租"合同。奥西斯航运有限公司是希腊一家非常成功的航运公司，总部位于雅典，成立于1905年，在过去很长一段时间内只是一家规模较小的区域性航运公司，业务发展缓慢，利润微薄。然而，创始人的曾孙亚里士多德·奥西斯接管后，公司情况发生了改变。当时新当选的苏联总统兼总书记米哈伊尔·戈尔巴乔夫开始放宽贸易政策，他是该公司最早意识到黑海市场巨大潜力的人之一。公司的贸易向这个新市场开放后，迎来了第一阶段的爆炸性增长。

在接替亚里士多德·奥西斯先生之后，新任总经理利用他们靠近苏伊士运河的地中海位置继续延续了这一爆炸性增长，为东非新兴的贸易市场提供具有竞争力的物流优势，并在非洲和中国之间日益增长的贸易中占有相当的份额。

此外，凭借强大的基础设施和高效的运营，他们利用近期的金融危机，在众多竞争对手破产之际，扩大了客户群。

但是，为了履行这些新客户的合同，他们还需要五艘新船。为此，向你咨询了创新的融资方案。具体而言，他们有兴趣就船队中的五艘船与你签订"销售与回租"合同。这笔交易要求，奥西斯航运有限公司向你出售这五艘船，之后，你需要在一段特定时间内将这些船回租给他们，租赁期后船只由你处置，也就是说，你将成为船只新的所有者。

销售与回租合同是您的核心业务。因此，您与团队成员正在为即将到来的会面做准备，在这个过程中，你们确定以下问题将推进你们的谈判，另外，销售和回租合同的财务收入将完全取决于这三个参数：

销售价格。这是你为购买这些船只支付的价格。为了把握新的商机，奥西斯航运有限公司需要3亿美元。作为回报，你成了这五艘船的新主人。这些船只有些破旧，但它们值这个价钱。

租赁利率。相比于大多数投资者，你可以用极低的利率再融资资本需求（你拥有AAA信用评级），这个利率是你获利的主要驱动因素。但是，此租赁利率还需要考虑承担的交易风险以及船舶的折旧。（你购买的船预期寿命为15至20年）。因此，你期望每年的租赁利率在28%-32%，在此区间内越高越好。

租赁合同的期限。目前航运市场的经济状况良好，但你对未来前景的把握还存在一些不确定性。也就是说，你确信这些船在5年后还能卖个好价钱，但是8至10年后，风险大大增加，情况就不好说了。如果到那时一艘船的预期寿命只有5至10年，你还能卖到什么好价钱？因此，为了降低这种风险，你希望尽可能缩短租赁合同的期限。具体来说，你希望合同期限为5年，最长不能超过8年。

此外，你的首席财务官和他的团队花了大量时间来计算合同的财务收入。他们发现，如果销售价格为3亿美元，租赁利率为28%，合同期限为5年，你从新船中获得的基本利润将是2亿美元。此外，销售价格每增加（减少）100万美元，利润就减少（增加）100万美元，租赁利率每增加（减少）1%，利润就增加（减少）2000万美元，合同期限每增加（减少）1年，利润就减少（增加）2000万美元。

截至目前，你已经与他们讨论了交易的背景和内容，并在签署意向书后进行了彻底的尽职调查（详细调查了船舶的实际状况以及交易相关的所有其他问题）。你现在正在与他们的代表团会面，其中包括该公司的总经理、首席财务官和顾问，以便就上述细节达成协议。你的目标是为公司尽可能争取最高的利润。

以下是一些重要指示和目标的简要概述：

- 若销售价格为3亿美元，租赁利率为28%，合同期限为5年，你的净利润将为2亿美元。

- 合同期限超过8年不能成交。

- 销售价格每增加（减少）100万美元，利润就会减少（增加）100万美元。

- 租赁利率每增加（减少）1%，利润就会增加（减少）2000万美元。

- 合同期限每增加（减少）1年，利润就减少（增加）2000万美元。

- 你的利润可由下列等式表示：

利润_{索伦森}＝200－1×（售价－300）＋20×（租赁利率－28%）－20×（租赁期限－5）

- 此轮谈判结果的排名完全取决于你的利润。
- 利润仅包含上述要素。
- 违反上述任何限制的交易均无效。

下表显示了三种情况下租赁利率和合同期限进行不同组合的利润：销售价格为3亿美元（表14）；销售价格为3.5亿美元（表15）；销售价格为4亿美元（表16）。请注意，谈判并不局限于表中的组合，你还可以在不违反上述限制的情况下，就所有其他销售价格、租赁利率和合同期限组合进行谈判。

表14 售价为3亿美元时租赁利率和合同期限的不同组合下
索伦森投资公司获得的利润（百万美元）

	3年	4年	5年	6年	8年
12%	(80)	(100)	(120)	(140)	(180)
16%	0	(20)	(40)	(60)	(100)
20%	80	60	40	20	(20)
24%	160	140	120	100	60
28%	240	220	200	180	140
32%	320	300	280	260	220
40%	480	460	440	420	380

表15 售价为3.5亿美元时租赁利率和合同期限的不同组合下
索伦森投资公司获得的利润（百万美元）

	3年	4年	5年	6年	8年
12%	(130)	(150)	(170)	(190)	(230)
16%	(50)	(70)	(90)	(110)	(150)

续表

	3年	4年	5年	6年	8年
20%	30	10	(10)	(30)	(70)
24%	110	90	70	50	10
28%	190	170	150	130	90
32%	270	250	230	210	170
40%	430	410	390	370	330

表16 售价为4亿美元时租赁利率和合同期限的不同组合下索伦森投资公司获得的利润（百万美元）

	3年	4年	5年	6年	8年
12%	(180)	(200)	(220)	(240)	(280)
16%	(100)	(120)	(140)	(160)	(200)
20%	(20)	(40)	(60)	(80)	(120)
24%	60	40	20	0	(40)
28%	140	120	100	80	40
32%	220	200	180	160	120
40%	380	360	340	320	280

总结报告

奥西斯航运是为2012年希腊雅典全球商务谈判挑战赛编写一个多议题，整合式谈判角色扮演案例。参与的团队分别代表奥西斯航运有限公司和索伦森投资公司，他们针对这两家公司之间的出售与回租合同的具体条件进行谈判。

根据秘密说明，可以量化谈判方的偏好并用下列公式表示。每个公式都描述了双方就三个变量（销售价格、租赁利率和合同期限）达成确切协议所能获得的利润：

利润~奥西斯~ = 200 + 2 × (售价 − 350) − 10 × (租赁利率 − 20%) + 50 × (租赁期限 − 5)

"销售价格每增加（减少）100万美元，利润就增加（减少）200万美元；租赁利率每增加（减少）1%，利润就减少（增加）1000万美元；合同期限每增加（减少）1年，利润就增加（减少）5000万美元"

利润~索伦森~ = 200 − 1 × (售价 − 300) + 20 × (租赁利率 − 28%) − 20 × (租赁期限 − 5)

"销售价格每增加（减少）100万美元，利润就减少（增加）100万美元；租赁利率每增加（减少）1%，利润就增加（减少）2000万美元；合同期限每增加（减少）1年，利润就减少（增加）2000万美元"

这些说明和各自的公式清楚地揭示了各方对谈判问题的评估差异。这些差异表明各方有机会利用这些差异来创造价值。

正如在"主要权利"角色扮演谈判案例中一样，人们会注意到，利润公式比各方偏好的描述包含了更多细节。与"主要权利"一样，此信息只是为了以相同的方式（数字方式）来体现双方的偏好。

此外各方还应了解每一个谈判问题的保留点。保留点概述如下：

表17 谈判双方的保留点和达成协议的空间（议价区域）

议题	最小	最大
销售价格（美元）	3亿	>4亿
租赁利率（%）	<12% 某些案例	>40% 某些案例
合同期限（年）	3年	8年

将这些保留点与相应的评分函数相结合，可以绘制帕累托效率边界图，如图6所示。

（奥西斯得分）

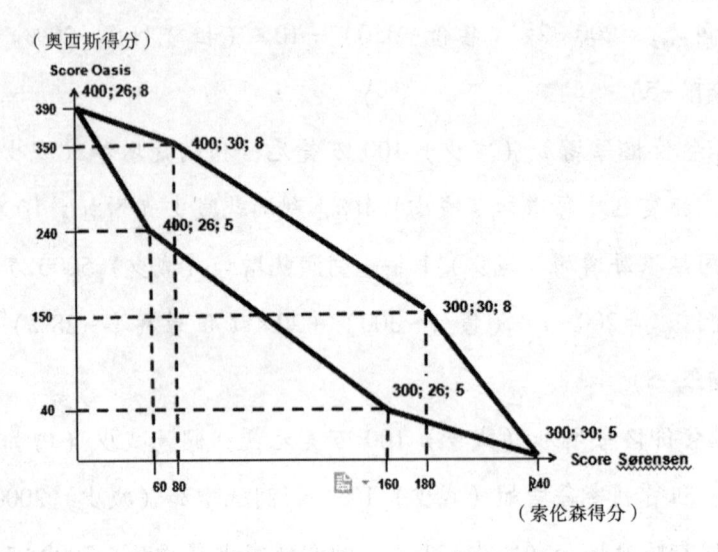

图6　奥西斯航运谈判角色扮演结构包含的帕累托效率边界的草图

量化偏好使我们能够根据谈判者在谈判中获得的物质性结果来推断谈判者的表现。根据物质性成果，我们可以评估各方在价值创造和索取方面的表现。虽然可以单独评估价值创造和价值索取，但对于谈判挑战赛，我们只考查最终结果。

作为参考，代表奥西斯航运公司的各团队在2013年全球商务谈判挑战赛期间取得的最佳物质性结果是利润总额为4.8亿美元，是由销售价格3.9亿美元、租赁利率35%和合同期限8年的协议产生的。在代表索伦森投资公司的团队中，最佳物质性结果是利润总额为4.4亿美元，与之相对应的是销售价格3.8亿美元、租赁率44%和合同期限5年的协议。每个角色的平均结果相差很大，奥西斯航运公司谈判者的平均结果为1.8亿美元，索伦森投资谈判者的平均结果为2.64亿美元。

奥西斯航运谈判双方面临的主要挑战是在他们之间建立足够的信任，以便分享谈判敏感的偏好信息，从而确定增值选项，提高结果的效益。另一个关键挑战是不能过早地放弃第一个挑战。在激烈竞争的环境中，克服这些挑战极其艰难，谈判者可能会因此将注意力仅仅集中在价值索取上，而不是考虑将它与价值创造结合起来。这种情况将会产生一份次优协议，未能挖掘全部的价值。

有趣的是，这个角色扮演的结构允许无限制的价值创造，这至少从理论上来说是科学的。合同期限是唯一明确规定了保留点的议题。对于剩余的价格和租赁利率的议题，谈判者可以发挥更大的灵活性。以较高的租赁利率抵消价格上涨可以同时为双方创造价值。这个过程没有上限，理论上可以无限延伸。当然，在某些时候，销售价格和租赁利率的组合有悖于商业常识。尽管如此，通过在全球商务谈判挑战赛以及研究生的课程中多次测试该角色扮演，我们已经了解到，这种价值创造的无限潜力还未被关注。

对于这一现象，存在许多可能的解释。尽管角色扮演的秘密须知中似乎明确了偏好，正如现实世界谈判一样，但出于种种原因，谈判者们仍然无法全力聚焦他们的需求，也无法专注于重要问题。在所涉相对重要的问题上，双方不愿为了发现和释放谈判的潜力而交换非常敏感的信息，这可能会使得情况复杂化。最终，许多谈判者只是把谈判视为一种竞争性的价值索取过程，而没有利用价值创造的先决条件和机制。这些原因都可能导致双方在没有挖掘其无限潜力的情况下达成协议。

奥西斯航运是一个整合式评分谈判角色扮演模拟案例，适合实践价值创造和价值索取技能。谈判方对谈判问题的偏好和评估不同，使他们能够通过关注他们最看重的东西来创造价值。此外，这种角色扮演也可用作范例，以充分说明谈判者无法认识并挖掘出谈判的全部潜力。

四、可可谈判（Cocoa Negotiation）

作者：德西帕恩·布赫米克，伊娜·尤托娃，卡迈勒·加内里瓦拉

指导人：雷米久什·斯莫林斯基
谈判方数量：2　准备时间：30-45分钟　谈判时间：45-60分钟
复杂程度：高

教学重点

保留点，最佳替代方案，利益分析，信息交换，首次报价策略，锚定，利益互换法，价值创造和价值索取策略，衡量谈判者效率，帕累托最优化，关系建立，信任营造，客观标准，公平，整合式谈判。

简要描述

可可谈判案例是德国天然巧克力有限公司（Natura Chocolate GmbH，简称NCG）的创始人与加纳可可豆供应有限公司（Cocoa Beans Supply，简称CBS）的首席执行官之间的一个多议题、动机复杂的角色扮演模拟谈判案例。可可豆供应有限公司为了首次进入欧洲市场销售高质量具有公平交易认证的可可豆，有意与德国天然巧克力有限公司达成销售协议，而德国天然巧克力有限公司也恰好在寻找新的供应商，并要求这家供应商提供质量优良的可可豆且具有可持续的公平交易农场认证资质。德国天然巧克力有限公司是一家初创企业，这意味着他们必须高度关注财务问题。他们正在准备会面，对可可豆供应合同的条款进行谈判。

可可豆供应有限公司的秘密说明

可可豆主要生长在地球赤道地区，是价值数十亿美元的巧克力产业的主要资源。非洲加纳不但是世界第三大可可豆生产国，还因为可可豆的优质而闻名于世。事实上，加纳人称可可为"pa pa paa"，意思是"最好的"。

令人遗憾的是，尽管产品质量高，但加纳的经济普遍欠发达。这种状况令农业生产中出现许多人们认为不道德的行为，如雇用童工。为了解决这一问题，该行业最近推出了可持续与公平认证（Sustainability and Equity Certification，S&E 认证）计划。该方案的主要目标是促进可持续的农业生产方式，改善农场收益管理，解决农场工人的社会生活状况问题。最近的一份报告表明，实行这个计划以后，S&E 认证的可可农场比传统的可可农场产量更高，产品质量更好，盈利能力也更强。

你的团队代表加纳可可豆供应有限公司。作为美国巧克力生产公司的可可豆供应商，你与加纳的一个重要的可可农工会合作密切，该工会能提供高质量的 S&E 认证可可豆。不幸的是，美国最近经济衰退，可可豆供应有限公司的业务出现困难。因此，在考虑了几种应对顾客需求下降的策略后，公司决定进入欧洲市场。在欧洲，巧克力需求量持续走高，尤其是用高品质可可豆生产的巧克力。然而，要想在欧洲市场站稳脚跟，你需要尽快签下你的第一个客户。这比预想的更具挑战性。

然而，你在最近的一次贸易展览会上遇见了一家德国初创公司的代表，这家公司名为天然巧克力有限公司，你发现他们正在寻找一家可靠的优质可可豆供应商。他们只选用高质量的原料生产优质有机巧克力产品（巧克力棒、巧克力糖果等），这对你来说可能是一个绝佳的机会。

你正筹划与这家天然巧克力有限公司会面，以便与其进行商讨并将它发展成自己的新的客户。在本次会面期间，讨论的重要问题如下：

- 价格
- 数量
- 质量（疵豆率和可可脂含量来衡量）
- 国际贸易通则（国际贸易术语）
- 认证

- 口味

正如表 18 分配给它的权重所示,每一个议题都有不同的优先级。作为供应商,首先最重要的问题是公司优质产品的出售价格。其次是每年的最低供应量和疵豆率。此外可可脂含量、国际贸易术语、认证和口味都具有同等的权重。

表 18　可可豆供应有限公司的谈判议题及优先级

问题	优先级/权重（可可豆供应有限公司）
价格	0.30
数量	0.15
疵豆率	0.15
可可脂含量	0.10
国际贸易术语	0.10
认证	0.10
口味	0.10

你要求谈判分析人员为即将与天然巧克力有限公司的会面准备一份纲要,以下是纲要内容:

- 价格:价格对可可豆供应有限公司来说是最重要的,价格越高越好。目前可可豆的市场平均价格为每公斤 2.14 欧元,优质可可豆有时每公斤价格会超过 4 欧元。为了在欧洲市场达到理想的盈利水平,可可豆供应有限公司必须以不低于 2.1 欧元每公斤的价格出售可可豆。(权重:0.30)

- 数量:这是可可豆供应有限公司每年向天然巧克力有限公司供应可可豆的最低固定量。在这个问题上,你担心与初创公司有合作风险。当然,他们可能慢慢发展壮大,推动你的欧洲业务的发展,但也可能失败,甚至破产。你希望保持尽可能高的固定最低采购量,尽量减少运

输、海关和仓库成本。即每年至少3000吨的固定采购量。（权重：0.15）

• 疵豆率：随机抽样中残次可可豆所占的百分比是业界公认的质量检验标准之一。根据可可豆的来源，该平均值应在6%~8%之间。你知道一些竞争对手声称，他们可以交付疵豆率为2%的产品。你们合作工会可以提供如此高标准的可可豆，但你也知道，这种高标准意味着高价。（权重：0.15）

• 可可脂含量：可可脂产率是衡量可可豆质量的最重要指标之一，它说明了可可粒中可可脂的含量。可可粒是可可豆在烘焙和去壳过程中产生的碎可可。可可脂含量越高，意味着以后在生产过程中需要添加的可可脂就越少。可可粒的可可脂含量可由检验确定[1]。（权重：0.10）

• 国际贸易术语：国际贸易通则是一系列预定义的商业术语，应用于国际贸易或采购中，旨在明确告知与货物交付和运输有关的义务、成本和风险[2]。此批可可豆将采用海运的方式从加纳的阿克拉港口运输到德国汉堡港口。可可豆将按照海运规则用集装箱运输。在这种情况下，有四种国际贸易术语可供选择：

FAS（Accra）船边交货（阿克拉）——卖方将货物运到指定港口的买方船旁边。意味着从这时起买方须承担货物灭失或损坏的全部费用和风险。

FOB（Accra）船上交货（阿克拉）——卖方支付将货物运往装运港的运费和装货上船的费用。买方支付海运运输费、保险费、卸货费以及从目的港口到目的地的运输费用。货物一旦由买方负责，风险也相应转移到了买方。

---

[1] 来源：http://www.icco.org/
[2] 来源：http://en.wikipedia.org/wiki/Incoterms

CFR（Hamburg）成本加运费（汉堡）——卖方必须支付将货物运至目的港的开支和运费。然而，一旦货物装上船只，风险就转移给买方。此项不包含货物的保险费。

CIF（Hamburg）到岸价格（汉堡）——除了卖方必须另外购买保险并支付保险费外，其他费用与成本加运费情况下的完全相同①。

这些贸易术语明确规定了哪一方需要承担哪些费用以及确定了承担运输中货物灭失或损坏的风险。对于可可豆供应有限公司而言，FAS（Accra）船边交货（阿克拉）当然是最佳选择，因为这种情况下买方须承担货物损失或损坏的全部费用和风险。（权重：0.10）

● 认证：虽然价格问题对可可豆供应有限公司来说是最重要的，但你作为农工会的忠实代表，必须保护他们的利益，确保他们的辛勤工作得到应得的报酬。因此，你更愿意与尊重公平贸易规范和具有S&E认证的合作伙伴合作。该证书每年由一个独立认证机构依据对农场的年度运营评估而颁发，评估的标准是资源的可持续利用、公平贸易②、公平劳动条件和无童工。尽管有一系列报道称你的农工会存在雇用童工的现象，但商业道德对你来说一直比利润更重要。因此，高水平的S&E认证将提升你的声誉，有助于公司进入欧洲市场。（权重：0.10）

● 口味：可可豆的口味质量对巧克力生产商来说也很重要。经验丰富的人通过品尝便能确定可可豆的口味品质，并打出高、中、低的评级。加纳可可豆因其口味而闻名，你的农工会的可可豆总能达到该领域的最高标准。（权重：0.10）

对于即将进行的谈判，你的目标是：

---

① 来源：http://en.wikipedia.org/wiki/Incoterms
② 公平贸易是一种贸易伙伴关系，以对话、透明和尊重为基础，力求在国际贸易中实现更大程度的公平。它为处境不利的生产者和工人——特别是南方的生产者和工人——提供更好的贸易条件并确保其权利，从而促进可持续发展（FINE，1998年）。

- 确保与天然巧克力有限公司达成协议。这是进入欧洲市场和改善财务状况的绝佳机会。
- 达成能使你分数最大化的协议。
- 就表 19 列出的七个议题达成协议。只有符合这些条件的协议才是有效的。若七个问题中有任何问题未得到解决,协议无效,且双方得分都为 0。
- 请确保最终协议仅包含表 19 收益表中明确提到的选项。

你的谈判总分是协议各项对应的点数与其权重的乘积的总和(参考下面的示例计算)。

表 19　可可豆供应有限公司的收益表

价格（欧元/公斤）（权重：0.30）	得分点数（可可豆供应有限公司）	疵豆率（%）（权重：0.15）	得分点数（可可豆供应有限公司）
≤2.00	0.000	≥10	1.000
2.25	0.125	9	0.875
2.50	0.250	8	0.750
2.75	0.375	7	0.625
3.00	0.500	6	0.500
3.25	0.625	5	0.375
3.50	0.750	4	0.250
3.75	0.875	3	0.125
≥4.00	1.000	≤2	0.000

数量（吨）（权重：0.15）	得分点数（可可豆供应有限公司）	可可脂含量（%）（权重：0.10）	得分点数（可可豆供应有限公司）
≤3,000	0.000	≤51	1.000

续表

数量（吨）（权重：0.15）	得分点数（可可豆供应有限公司）	可可脂含量（%）（权重：0.10）	得分点数（可可豆供应有限公司）
3500	0.280	52	0.900
4000	0.460	53	0.800
4500	0.580	54	0.700
5000	0.690	55	0.600
5500	0.770	56	0.500
6000	0.840	57	0.400
6500	0.890	58	0.300
7000	0.940	59	0.200
7500	0.980	60	0.100
≥8000	1.000	≥62	0.000

国际贸易术语（权重：0.10）	得分点数（可可豆供应有限公司）
船边交货（阿克拉）	1.000
船上交货（阿克拉）	0.670
成本加运费（汉堡）	0.330
到岸价格（汉堡）	0.000
认证（权重：0.10）	得分点数（可可豆供应有限公司）
铂级	1.000
黄金级	0.750
银级	0.500
青铜级	0.250
无认证	0.000
低	0.000
中	0.500
高	1.000

样本计算：

最终得分=点数（价格）×0.3+点数（数量）×0.15+点数（疵豆率）×0.15+点数（可可脂含量）×0.1+点数（国际贸易术语）×0.1+点数（认证）×0.1+点数（口味）×0.1

示例见表20。

表20 可可豆供应有限公司最终得分的示样计算

议题	比重	协定	点数	分数
价格（欧元/公斤）	0.30	3.00	0.500	0.150
数量（吨）	0.15	5000	0.690	0.104
疵豆率（%）	0.15	5	0.375	0.056
可可脂含量（%）	0.10	53	0.800	0.080
国际贸易术语	0.10	成本加运费（汉堡）	0.330	0.033
认证	0.10	黄金级	0.750	0.075
口味	0.10	中	0.500	0.050
			总分：	0.548

天然巧克力有限公司的秘密说明

可可豆主要生长在地球赤道地区，是具有数十亿美元价值的产业。非洲加纳不但是世界第三大可可豆生产国，还因为可可豆的优质而闻名于世。而且，加纳人称可可为"pa pa paa"，意思是"最好的"。

令人遗憾的是，尽管产品质量很高，但加纳的经济普遍欠发达，这种状况促使在农业生产中出现很多不道德行为，如雇用童工。为了解决这一问题，该行业最近推出了可持续与公平认证（Sustainabilityand Equity Certification，S&E认证）计划。该方案的主要目标是促进可持续的农业生产方式，改善农场收益管理，解决农场工人的社会生活状况问题。最新的报告显示，实行这个计划以后，S&E认证的可可农场比传统的可可农场产量更高，产品质量更好，盈利能力也更强。

你的团队代表天然巧克力有限公司，这是一家德国初创公司，主要生产高质量的有机巧克力产品（巧克力棒、巧克力糖果等）注重使用优质的原料。公司的使命是为客户提供独一无二的、高质量的有机巧克力糖果，采用可持续、环保、对社会负责的生产方式。对你来说，以公平贸易的方式获取原料供应也很重要。这意味着你已准备以更高的价格购买优质的可可豆。

目前，天然巧克力有限公司正在寻找新的优质可可豆供应商。实际上，公司的成功取决于与可靠的供应商建立长期的合作关系。最近，你认识了一些供应商并做了初步的调查，发现加纳可可豆供应有限公司可能是一个合适的选择。可可豆供应有限公司是一家可可豆供应商，它与加纳的可可农工会合作密切，致力于为美国的巧克力生产公司提供优质可可豆。

你即将与其公司的重要成员会面，评估是否能与该供应商达成合作关系。此次讨论的关键之处在于你能否依据三个关键因素评估其可可豆的优质程度，这三个关键因素是：疵豆率、可可粒的可可脂含量和可可豆的口味质量。

你的谈判成功与否将取决于你的最终得分，这个得分与以下谈判问题有关系：

- 质量（疵豆率和可可脂含量）
- 数量
- 价格
- 国际贸易术语
- 认证
- 口味

每个问题具有不同的优先级,由分配给它的权重来表示。作为一个生产商,对你来说最重要的是可可脂含量,其次是最低年订购量和疵豆率。价格、口味、国际贸易术语和认证具有同等的权重。表21概述了不同议题的权重。

表21　天然巧克力有限公司的谈判议题及优先级

议题	优先级/权重（天然巧克力有限公司）
可可脂含量	0.30
数量	0.15
疵豆率	0.15
价格	0.10
国际贸易术语	0.10
认证	0.10
口味	0.10

你已经为与可可豆供应有限公司的会面准备了一份简单说明,以下是对该说明的概述:

● 可可脂含量:可可脂产率是衡量可可豆质量的最重要指标之一。它说明了可可粒中可可脂的含量。可可粒是可可豆在烘焙和去壳中产生的碎可可。可可脂含量越高,意味着以后在生产过程中需要添加的可可脂就越少。可可粒的可可脂含量可由检验确定。(权重:0.30)

● 数量:这是天然巧克力有限公司每年将从可可豆供应有限公司购入可可豆的最低固定量。天然巧克力有限公司希望能达成尽可能低的固定量,以保持灵活性并减少储存成本。确切地说,你想要以尽可能低的固定量达成协议——每年不超过4000吨。并且,若年交易数量超过8000吨,你不会与可可豆供应有限公司达成任何协议。(权重:0.15)

● 疵豆率:随机抽样中残次可可豆所占的百分比是业界公认的质量

标准之一。根据可可豆的来源，该平均值在6%~8%。可可豆供应有限公司的一些竞争对手声称，他们可以交付疵豆率为2%的产品。你也计划向可可豆供应有限公司提出相同标准的要求。（权重：0.15）

● 价格：目前可可豆的市场平均价格为2.14欧元每公斤。虽然价格按照质量制定，但对你来说，价格越低越好。优质、受认证的可可豆，其价格有时会超过4欧元每公斤，这也是你愿意支付的最高价格。（权重：0.10）

● 国际贸易术语：国际贸易通则是一系列预定义的商业术语，应用于国际贸易或采购中，旨在明确告知与货物交付和运输有关的义务、成本和风险。此批可可豆将采用海运的方式从阿克拉（加纳）港口运输到汉堡（德国）港口。可可豆将按照海运规则用集装箱运输。在这种情况下，有四种国际贸易术语可供选择：

FAS（Accra）船边交货（阿克拉）——卖方将货物运到指定港口的买方船只旁边。这意味着从这时起买方须承担货物灭失或损坏的全部费用和风险。

FOB（Accra）船上交货（阿克拉）——卖方支付将货物运往装运港的运费和装货上船的费用。买方支付海运运输费、保险费、卸货费以及从目的港口到目的地的运输费用。货物一旦由买方负责，风险也相应发生转移。

CFR（Hamburg）成本加运费（汉堡）——卖方必须支付将货物运至目的港的开支和运费。然而，一旦货物装上船只，风险就转移给买方。此项不包含货物的保险费。

CIF（Hamburg）到岸价格（汉堡）——除了卖方必须另外购买保险并支付保险费外，其他费用与成本加运费情况下的完全相同。

这些规则明确规定了各方需要承担的费用以及运输中货物灭失或损

坏的财务风险。对于天然巧克力有限公司而言，到岸价格（汉堡）当然是最佳选择，这种情况下，卖方须支付包括保险费在内的全部费用。（权重：0.10）

● 认证：可可豆供应有限公司在该行业享有很高的声誉，但它过去为了大量种植可可豆发生过一些不道德的劳动行为，如雇用童工。作为天然巧克力有限公司，巧克力产品的原料是否是在公平的劳动条件下，以可持续耕作的方法生产出来的，这对你来说非常重要。因此，可可豆供应有限公司是否持有高水平的 S&E 认证，这一点非常重要。

这些证书每年由一个独立认证机构依据对农场年度运营评估而颁发。评估的标准是资源的可持续利用、公平贸易、公平劳动条件和无童工。社会责任对你和你的客户很重要，你不会接受与不具备此价值观的公司合作。因此，认证级别越高越好。（权重：0.10）

● 口味：可可豆的风味质量对巧克力生产商来说也很重要。经验丰富的人通过品尝便能确定可可豆的风味品质，做出高、中、低的评级。你希望可可豆供应有限公司供应的可可豆符合该领域的最高标准。（权重：0.10）

对于即将进行的谈判，你的目标是：

● 确保与可可豆供应有限公司达成协议。似乎他们是你在优质巧克力业务的合适供应商。

● 达成能使你分数最大化的协议。

● 就表 22 列出的七个问题达成协议。只有符合这些条件的协议才是有效的。若七个问题中有任何问题未得到解决，协议无效，双方得分都为 0。

● 请确保最终协议仅包含表 22 收益表中明确提到的选项。

你的谈判总分是协议各选项对应的得分点数与其权重的乘积的总和

（参考下面的示例计算）。

表 22 天然巧克力有限公司的收益表

价格（欧元/千克）（权重：0.10）	得分点数（天然巧克力有限公司）	疵豆率（%）（权重：0.15）	得分点数（天然巧克力有限公司）
≤2.00	1.000	≥10	0.000
2.25	0.875	9	0.125
2.50	0.750	8	0.250
2.75	0.625	7	0.375
3.00	0.500	6	0.500
3.25	0.375	5	0.625
3.50	0.250	4	0.750
3.75	0.125	3	0.875
≥4.00	0.000	≤2	1.000

数量（吨）（权重：0.15）	得分点数（天然巧克力有限公司）	可可脂含量（%）（权重：0.30）	得分点数（天然巧克力有限公司）
≤3000	1.000	≤510	0.000
3500	0.980	52	0.100
4000	0.940	53	0.200
4500	0.890	54	0.300
5000	0.840	55	0.400
5500	0.770	56	0.500
6000	0.690	57	0.600
6500	0.580	58	0.700
7000	0.460	59	0.800
7500	0.280	60	0.900
≥8000	0.000	≥62	1.000

国际贸易术语（权重：0.10）	得分点数（天然巧克力有限公司）
船边交货（阿克拉）	0.000
船上交货（阿克拉）	0.330
成本加运费（汉堡）	0.670
到岸价格（汉堡）	1.000
认证（权重：0.10）	得分点数（天然巧克力有限公司）
铂金级	1.000
黄金级	0.750
银级	0.500
青铜级	0.250
无认证	0.000
口味（权重：0.10）	得分点数（天然巧克力有限公司）
低	0.000
中	0.500
高	1.000

样本计算：

最终得分＝得分点数（可可脂含量）×0.3＋得分点数（数量）×0.15＋得分点数（疵豆率）×0.15＋得分点数（价格）×0.1＋得分点数（国际贸易术语）×0.1＋得分点数（认证）×0.1＋得分点数（口味）×0.1。

示例见表23。

表23　天然巧克力有限公司最终得分的抽样计算

议题	比重	协定	得分点数	分数
可可脂含量（%）	0.30	53	0.200	0.060
数量（吨）	0.15	5000	0.840	0.126
疵豆率（%）	0.15	5	0.625	0.094

续表

议题	比重	协定	得分点数	分数
价格（欧元/公斤）	0.10	3.00	0.500	0.050
国际贸易术语	0.10	成本加运费（汉堡）	0.670	0.067
认证	0.10	黄金级	0.750	0.075
口味	0.10	中	0.500	0.050
			总分：	0.522

总结报告

可可豆谈判是为2015年在慕尼黑举办的全球商务谈判挑战赛编写的一个多议题、混合动机的谈判角色扮演案例。该谈判是在慕尼黑主赛事前的一轮在线资格赛上协商达成的。

角色扮演中描述的谈判发生在一家天然巧克力有限公司的创始人和可可豆供应有限公司的首席执行官之间。其中，天然巧克力有限公司是德国一家巧克力生产公司，可可豆供应有限公司是一家可可豆供应商。双方将就可可豆供应合同的条款进行谈判。各方的主要目标是以互利互惠的方式保护彼此的实质性利益，为今后的合作奠定良好的基础。

秘密说明表明，必须就以下所有问题达成协议。对于各方来说，每个谈判问题存在相对重要性，表现为其在计算得分函数时所占的权重。

表24 谈判议题对谈判双方的重要性

议题	议题的重要性/权重 （可可豆供应有限公司）	问题的重要性/权重 （天然巧克力有限公司）
价格	0.30	0.10
可可脂含量	0.10	0.30
数量	0.15	0.15

续表

议题	议题的重要性/权重 （可可豆供应有限公司）	问题的重要性/权重 （天然巧克力有限公司）
疵豆率	0.15	0.15
国际贸易术语	0.10	0.10
认证	0.10	0.10
口味	0.10	0.10

表25说明了谈判条款中各选项对于可可豆供应有限公司和天然巧克力有限公司的价值正如其保密说明中所述。

乍一看，价格和可可脂含量似乎是不兼容的。当考虑到它们对谈判各方的重要性不同（见表24），我们发现，价值创造潜力通过价格与可可脂含量的权衡而存在。

下一个有趣之处在于各方同意的数量。许多谈判角色扮演案例使用线性偏好来说明价值创造。这意味着最大值生成选项是位于议价区域末端的方案解。各方就数量的偏好呈非线性关系，因此最大值生成选项不是一个方案解，而是发生在数量5500吨时。

表25 谈判的议题，选择及其对谈判各方的价值

价格/公斤 （欧元）	得分点数 （可可豆供应有限公司）	得分点数 （天然巧克力有限公司）
≤2.00	0.000	1.000
2.25	0.125	0.875
2.50	0.250	0.750
2.75	0.375	0.625
3.00	0.500	0.500
3.25	0.625	0.375
3.50	0.750	0.250

续表

3.75	0.875	0.125
≥4.00	1.000	0.000
可可脂含量（%）	得分点数 （可可豆供应有限公司）	得分点数 （天然巧克力有限公司）
≤51	1.000	0.000
52	0.900	0.100
53	0.800	0.200
54	0.700	0.300
55	0.600	0.400
56	0.500	0.500
57	0.400	0.600
58	0.300	0.700
59	0.200	0.800
60	0.100	0.900
≥62	0.000	1.000
数量（吨）	得分点数 （可可豆供应有限公司）	得分点数 （天然巧克力有限公司）
≤3000	0.000	1.000
3500	0.280	0.980
4000	0.460	0.940
4500	0.580	0.890
5000	0.690	0.840
5500	0.770	0.770
6000	0.840	0.690
6500	0.890	0.580
7000	0.940	0.460
7500	0.980	0.280
≥8000	1.000	0.000

续表

认证	得分点数 （可可豆供应有限公司）	得分点数 （天然巧克力有限公司）
铂金级	1.000	1.000
黄金级	0.750	0.750
银级	0.500	0.500
青铜级	0.250	0.250
无认证	0.000	0.000

口味	得分点数 （可可豆供应有限公司）	得分点数 （天然巧克力有限公司）
低	0.000	0.000
中	0.500	0.500
高	1.000	1.000

疵豆率（%）	得分点数 （可可豆供应有限公司）	得分点数 （天然巧克力有限公司）
≥10	1.000	0.000
9	0.875	0.125
8	0.750	0.250
7	0.625	0.375
6	0.500	0.500
5	0.375	0.625
4	0.250	0.750
3	0.125	0.875
≤2	0.000	1.000

接下来是疵豆率和国际贸易术语，两者都是不兼容的。相反，最后两个议题，认证和口味是兼容的。也就是说，铂金级别的认证和最高标准的口味达成一致是符合双方的最佳利益协议。但是，在达成这项协议之前需要注意到，从战略角度来说，兼容的问题通常可用于在其他谈判

问题上争取额外让步。

为了挖掘谈判的全部潜力，各方都需要认识到对方最关注的问题，并在此基础上做出让步。这意味着协议包括价格至少为 4 欧元每公斤，可可脂产率不低于 60%，数量为 5500 吨，证书为铂金级以及口味为高级标准。疵豆率和国际贸易术语如何协定不会改变协议的总价值，而只决定价值的分布。帕累托有效结果加起来为 1.481 分。

由于角色扮演的复杂性，只有不到 10% 的谈判产生了帕累托有效结果。帕累托有效结果要求谈判双方建立信任关系和透明的信息共享。参加 2015 年全球商务谈判挑战赛的团队都未能在谈判中达成帕累托有效协议。

量化谈判偏好并结合实质性的成果使我们能够深入了解和洞察谈判者的表现，更好地评估各方在整体价值创造和索取方面的成果。虽然可以单独评估，但对于谈判挑战，我们只考虑和比较最终结果。

可可豆谈判是一种角色扮演模拟，适合练习如何识别和应用价值创造和价值索取技能，学习如何将二者进行适当组合。谈判双方对谈判议题的偏好和评估不同，使各自能够通过专注于自身最看重的东西来创造价值。谈判团队面临的关键挑战是在他们之间建立足够的信任来分享极其敏感的偏好信息，从中确定增值选择，然后挖掘出谈判的全部价值潜力。然而，在竞争激烈的情况下，要做到这一点尤其困难，谈判者可能会因此只着力于价值索取而不是将其与价值创造相结合，从而产生次优协议，未能挖掘出谈判的全部价值潜力。

第三节 复杂的多议题谈判

我们认为，在谈判比赛中对谈判才能的判定不能仅局限于可测量的谈判得分点。原因之一是这与大多数现实谈判的情境不符。在现实情境中，一方的利益通常不能用分数或效用函数表达。即使可以，考虑到比赛期间准备时间有限，谈判者面临的挑战往往使他们很难甚至不可能去量化这些利益。

另一个原因是评分机制限制了谈判者的创造力。可评分的谈判角色扮演明确要求各方不可超出评分函数的变量范围。只有价值可识别才能纳入分数，新的谈判议题才能得到整合。相比之下，不可评分的谈判才能够释放创造力，这些创造力有助于寻找创造价值的方案。在谈判挑战赛的不评分轮次中，谈判结果不是评估表现的唯一标准，这对评估工作带来了严峻挑战。首先，这些类型的谈判想要成功，方案必须具备创造性，跳出传统框架，生成有价值的方案。开放式方案和可被有效预先定义而得出确定值进行比较的评分函数不同，这类方案之间不能进行客观比较。相反，比较谈判者表现的唯一方法就是让谈判专家作为评委参与其中且建立起一系列用于观察和评判的标准，使我们能够在整个过程中从各个方面评估谈判者的技能，而不是仅仅关注结果。出于类似的因素，此类谈判的评估具有指示性。也就是说，得分表示角色代表团队的相对排名。谈判结束后，评委们立即对评估进行校准，并达成一致意见。

其次，参与的评委在评估过程中会暴露出其固有的偏见，这种偏见受文化背景、经验、教育等影响。也就是说，评委可以用不同的方式主观地解读评判标准，这意味着存在风险，因为不同的评委可能会对类似的谈判表现做出不同的评判。为了解决这种主观性风险，我们在谈判前花了大量时间向评委解释评估标准，并建议他们在谈判过程中应该重点关注能够体现这些标准的行为。

评委在谈判期间做出的评估具有指示性。该轮竞赛的最终目标是获得每个角色代表团队的相对排名。该回合谈判结束后，评委会一起校准评判结果，得出所有参与团队的最终排名。

总之，在评估过程中加入这些修改可以使谈判角色扮演模拟案例的设计更具灵活性，从而增加谈判的复杂性。尽管该谈判过程本身与先前介绍的谈判模拟案例类似，但主要区别在于利益协商阶段更具广泛性和挑战性，能产生反映利益价值的更好方案。对于团队而言，挑战在于如何挖掘、分析利益，优化利益排序，以及如何利用这些知识来制定策略。

本章中包含的角色扮演模拟案例显示出高度复杂性，谈判者必须具备高水平的谈判技巧才能掌握。

一、格瑞克欧尼亚（Greekonia）

作者：亚历山大·法鲁姆，安德烈·沃特勒

指导人：雷米久什·斯莫林斯基

谈判方数量：2　准备时间：30分钟　谈判时间：45~60分钟　复杂程度：中

教学重点

保留点，最佳替代方案，利益分析，信息交换，首次报价策略，锚定，可评分与不可评分议题相结合，价值创造和价值索取策略，关系建立，信任营造，客观标准，公平，整合式谈判。

简要描述

格瑞克欧尼亚谈判是一个多议题的角色扮演谈判模拟案例。谈判双方为格瑞克欧尼亚政府和联盟的财政代表。联盟是一个多国家的政治、经济和货币联盟，格瑞克欧尼亚是它的一个成员国。由于多年的管理不善，格瑞克欧尼亚正面临迫在眉睫的国家债务违约危机，它现在必须做出艰难的选择。除非它采取重大紧缩措施，否则它将在主权债务上违约，其债权人将不再为其提供持续的流动资金。这将使格瑞克欧尼亚陷入经济混乱。然而，这些紧缩措施可能引发社会动荡，甚至使其政府倒台。同时，由于格瑞克欧尼亚使用的是联盟的通用货币——乌罗（Uro），联盟也面临着两难境地。因为他们的银行系统是紧密交织在一起的，格瑞克欧尼亚破产不仅会终结乌罗的使用，还可能引发一场全球经济危机。因此，如果不能说服格瑞克欧尼亚采取适当、可持续的措施以确保其经济的稳定和可持续发展，格瑞克欧尼亚将被迫离开联盟。

格瑞克欧尼亚是南欧的一个国家，最近经历了严峻的财政困难。专家们认为，其低效率的税收制度、臃肿的管理以及2008年和2009年全球经济衰退对其造成的严重影响共同导致了现在这个局面。目前，格瑞克欧尼亚不仅债台高筑（占国内生产总值的140%），而且格瑞克欧尼亚债券利率飙升令其债务无法再融资。劳动力市场形势紧张。失业率在过去两年中翻了一番，2011年11月竟达到20%，创下历史新高。此外，格瑞克欧尼亚本该在未来几周内向国际投资者支付下一笔利息和赎回款项。然而，在没有外部资金支持的情况下，国家面临的市场问题可能令其难以履行这些义务。格瑞克欧尼亚政府最近采取的第一批紧缩措施，如税收制度改革和削减支出，由于推行时间不长，并未扭转人们对破产的担忧。

联盟由27个成员国组成，格瑞克欧尼亚便是其中之一。格瑞克欧尼亚的情况也令联盟感到担忧，因为格瑞克欧尼亚与其中17个成员国共用一种名为乌罗的通用货币，其财政状况也对乌罗产生了负面影响。事实上，由于联盟国家的经济与其银行系统联系紧密，格瑞克欧尼亚的破产不仅可能终结乌罗，还可能导致一场全球经济危机。因此，联盟迫切需要格瑞克欧尼亚恢复其金融流动性和经济稳定。

如何解决这一问题给联盟的财政部部长们带来了巨大压力。为避免破产，部长们愿意为格瑞克欧尼亚提供必要的财政支持。如果格瑞克欧尼亚政府没有表现出令人满意的自主变革，包括实施必要的结构改革，他们也不愿意支持格瑞克欧尼亚。因此，联盟对格瑞克欧尼亚的金融救助取决于其自身改革的实施。

格瑞克欧尼亚政府承受着巨大的压力。在关注本国金融救助的同时，它还需要安抚担心失业和福利削减以及增税等不利政策的公民。政府做出了努力，但绝大多数格瑞克欧尼亚民众对目前的形势仍然表示非常不满。在格瑞克欧尼亚工会的支持下，愤怒的公民定期组织公众抗议和全国范围的罢工。实施更多措施可能带来更多爆炸性的政治影响，因为公民担心失业、福利削减和增税，这会让他们十分痛苦。

显然，这一局势对格瑞克欧尼亚政府造成严重威胁，需要谨慎权衡并迅速解决这个问题。格瑞克欧尼亚必须努力维持其在联盟的成员国地位，主张继续使用乌罗货币。脱离联盟和回归"格瑞克欧尼亚镑"对格瑞克欧尼亚和联盟都意味着一场经济灾难。

因此，格瑞克欧尼亚政府和联盟之间谈判的主要目标是就改革的规模达成协议，以便恢复格瑞克欧尼亚的偿债能力。然而，这并不容易，目前的巨额债务为2000亿乌罗，而且债务人有多重身份。最大的债务人是日耳曼银行，持有25%格瑞克欧尼亚债券。剩下的75%由其他联盟成员国的银行和私人投资者持有。在即将到来的谈判中，联盟代表各个成员国进行谈判。

具体而言，各方将讨论潜在的债务减免（也就是债务折扣）、必要改革的时机以及格瑞克欧尼亚税收制度的改革，主要侧重于企业所得税

（CIT）和增值税（VAT）。目前，格瑞克欧尼亚的企业所得税税率为20%，增值税税率为10%。两者都可能需要提高，但任何新税率的确切数额都需要经过谈判才能确定。

新闻界期待着一场漫长而激烈的辩论，在这场辩论中，谈判各方将对其支持者给予最有利的条件。不过，谈判双方的主要目标是达成协议，确定格瑞克欧尼亚救助的条件。

格瑞克欧尼亚政府秘密说明

格瑞克欧尼亚面临着严重的经济问题！贵国的金融濒临破产，政局不稳定。总工会常常罢工，成千上万愤怒的公民公开抗议政府的"失败"。然而，作为财政救助的一个必要条件，联盟要求进行激进的经济改革，包括严厉的开支削减和增加税收。你知道联盟是对的。

甚至专家也一致认为，在现行税收政策下，格瑞克欧尼亚将在六个月内破产。更令人沮丧的是，如果经济不能恢复平衡，格瑞克欧尼亚甚至需要退出联盟。你清楚地知道许多人都在维护自己的利益，但你还是要感谢联盟愿意在困难时期支持你的国家，对你的债权人更是如此，因为他们愿意重组格瑞克欧尼亚债务。

如果你想再次连任，你也需要改善在格瑞克欧尼亚选民中的形象，特别是那些对格瑞克欧尼亚紧缩措施感到不满的工会。不过，在解决这一问题之前，当务之急是确保格瑞克欧尼亚能够恢复偿债能力。实现这一目标需要采取以下三项措施：

（1）格瑞克欧尼亚债务必须重组。专家们一致认为，鉴于格瑞克欧尼亚目前的财政状况，格瑞克欧尼亚政府将不得不贷入更多资金，以避免拖欠明年到期的款项。然而，金融市场认为格瑞克欧尼亚债券的风险比过去高得多，需要增加风险溢价（提高利率）。因此，增加借贷只会增加格瑞克欧尼亚最终违约的可能性，这个风险很大。

（2）必须增加税收收入。即使格瑞克欧尼亚债务重组，政府仍需要偿还一些贷款。鉴于格瑞克欧尼亚目前的公共财政状况和持续的财政赤字，增税似乎是不可避免的。这些变化最有可能影响增值税和企业所得税。

（3）必须通过立法进行必要的改革。除了增加税收，格瑞克欧尼亚还需要削减预算开支，精简税收制度，改革养老金制度，市场自由化，并将国家输电网私有化。这些改革措施必须在今后三年内通过，但尚未确定详细的时间表。

此外，贵国财政部部长还向你提供了下列信息：

● 格瑞克欧尼亚债务重组是绝对必要的，这也是即将进行的谈判中最重要的议题。据财政部估计，为了在未来几年帮助格瑞克欧尼亚恢复偿债能力，至少需要削减40%的债务。规模较小的债务削减是不可接受的，因为即使加上最严厉的增税和支出削减，也无法挽救格瑞克欧尼亚免于破产的局面。为了向怨声载道和愤怒的公众发出一个强有力的积极信号，你必须努力说服联盟尽可能减少格瑞克欧尼亚债务，理想情况是减少到目前水平的60%至80%（也就是说，重组后的余额将约占当前未清余额的20%至40%）。

● 你必须将增值税税率提高至少三个百分点，以提高贵国的偿债能力并减少财政赤字。虽然这项措施已经公之于众，但联盟很可能认为这远远不够。他们可能会要求更高的增值税税率，但每增加一个百分点都可能引发一定程度的社会阻力，其严重程度与增值税增长的幅度成正比。目前，联盟的平均增值税税率接近20%。成员国可能希望格瑞克欧尼亚的增值税也达到这一水平。然而，你预料高于18%的增值税税率会引发社会动荡和骚乱，并有可能使政府垮台，这是不能接受的。

- 你上一次竞选活动的经费主要来自格瑞克欧尼亚企业家及其公司。他们需缴纳的税款越多，越不可能在政治上支持你。增加企业所得税会令他们感到非常不满，他们也很难接受高于25%的企业所得税。如果联盟要求比这更高的企业所得税税率，最富有的支持者可能会把他们未来的财富转而贡献给你的政治对手。你的政治生涯也就到此为止了。因此，你需要保持尽可能低的企业所得税，确保它不超过25%。

- 为了避免今后借款，格瑞克欧尼亚需要减少其预算赤字，并尽快产生盈余。改革的必要性是无可争议的，但必须谨慎选择改革的时机，以免加剧社会紧张局势。三年时间可能足以去准备、协商和通过必要的措施。你们正计划在整个时期内逐渐实施这些措施。首先推出的是最不受争议的、对公民影响最小的项目（减少政府开支、国家输电网私有化、市场自由化），推迟最受争议的项目（改变养老金制度、精简税收制度、削减公共行政部门的工资和工作岗位）。

针对即将进行的会面，你的经济和政治顾问为你提供了以下利益先后信息：

- 格瑞克欧尼亚政府至关重要的议题是最大限度地削减债务，其次是尽量减少企业所得税和增值税的增加值，然后是合理的时间安排和必要的改革顺序。

- 将债务削减幅度提高一个百分点的重要性是将企业所得税削减一个百分点的两倍。增值税的变化比企业所得税的变化重要三倍。因为企业所得税增加一个百分点只会影响你的政治未来，而提高增值税则会在你的国家引发社会抵制、骚乱和其他社会动荡危机。

- 适当的时间和合理必要的改革顺序可以缓和一些社会紧张局势，但避免格瑞克欧尼亚债务违约更重要，因此，必要时，你准备重新考虑自己的议题顺序。在即将举行的谈判中，你的目标是与联盟的代表就上述所有议题达成协议，并在上述条件限制下为格瑞克欧尼亚政府争取最佳结果。

祝好运！

联盟秘密说明

作为联盟的代表，你非常关心联盟的完整性和通用货币乌罗的未来。因为格瑞克欧尼亚的破产可能会终结乌罗，你有两个选择。首先，通过帮助格瑞克欧尼亚政府恢复本国的偿债能力，从而提高格瑞克欧尼亚在金融市场上的信誉，以此来稳定货币。其次，你可以迫使格瑞克欧尼亚退出联盟。

不幸的是，令格瑞克欧尼亚退出联盟对联盟来说代价太大了，也可能导致联盟的政治和社会不稳定。因此，假设格瑞克欧尼亚政府谈判代表完全愿意并承诺做出适当的牺牲，你更倾向于前一种选择，即帮助推进格瑞克欧尼亚的金融改革。因此，你的首要任务是帮助格瑞克欧尼亚人民恢复偿债能力。为此，你需要采取三项措施：

（1）格瑞克欧尼亚债务必须重组。专家们一致认为，鉴于格瑞克欧尼亚目前的财政状况，格瑞克欧尼亚政府将不得不借更多的钱，以避免拖欠明年到期的款项。然而，金融市场认为格瑞克欧尼亚债券的风险比以往高得多，需要提高风险溢价（提高利率）。因此，从长期来看，增加借款可能无意中导致格瑞克欧尼亚更大的违约风险。

（2）必须增加税收收入。即使格瑞克欧尼亚债务重组，政府仍需要偿还一些贷款。鉴于格瑞克欧尼亚目前的公共财政状况和持续的财政赤字，增加税收似乎是不可避免的。这些变化最有可能影响增值税和企业所得税。

（3）必要的改革必须立法。除了增加税收，格瑞克欧尼亚还需要削减预算开支，精简税收制度，改革养老金制度，市场自由化，并将国家输电网私有化。这些改革措施必须在今后三年内通过，但尚未确定详细的时间表。

此外，分析员还向你们提供了下列资料：

● 为了避免今后借款，格瑞克欧尼亚需要减少其财政赤字，并尽快产生盈余。改革的必要性是无可争议的，尽管社会局势紧张，但改革必须尽快通过。运用三年的时间来准备、协商和采取必要的措施绰绰有余。你正计划最大限度地精简它们，从那些有潜力获得最高收入或能节省成本的改革开始（改变养老金制度，精简税收制度，削减公共行政部门的工资和工作岗位）。格瑞克欧尼亚政府应在第一年实施这些改革，并在第二年继续贯彻尚未实行的改革。

● 据你估计，超过50%的债务削减可能需要联盟向银行提供额外的财政担保。此外，尽管银行普遍表示支持态度，但由于银行已经投保了大部分的格瑞克欧尼亚贷款，它们不愿减记超过50%的债务价值。事实上，你已经与他们达成一致意见，不会为未来陷入困境的联盟成员创造一个复杂的先例，你也会试图说服格瑞克欧尼亚政府尽可能多地偿还债务。你无权接受高于50%的债务削减，希望协定的债务削减水平将显著降低（银行认为30%至40%是合理的）。

最后，经济专家向你提供了对于谈判议题的利益顺序信息：

● 对联盟来说，最重要的问题肯定是尽快为必要的改革立法，其次是尽量减少债务削减，提高增值税和企业所得税。

● 必要改革的适当时机和合理顺序给出了一个重要信号：只有格瑞克欧尼亚实施结构改革，联盟才能提供财政救助。

● 减少一个百分点的债务削减获得的重要性是提高一个百分点的增值税税率的两倍。

● 提高增值税的重要性是提高企业所得税的三倍。因为增加一个百分点的增值税所产生的税收比增加一个百分点的企业所得税要多三倍。

对于即将举行的谈判,你的目标是与格瑞克欧尼亚政府就上述所有问题达成协议,并在上述条件的限制下,为联盟争取最佳结果。

祝好运!

总结报告

格瑞克欧尼亚谈判案例是为巴黎 2012 年的全球商务谈判挑战赛而编写的一个多议题非评分的谈判角色扮演模拟案例。在决赛期间使用了此案例,前四轮谈判回合中最好的两支参赛队——莱比锡商学院和巴黎科学经济与管理学院(IESEG 管理学院)分别代表谈判双方格瑞克欧尼亚政府和联盟,双方就拯救格瑞克欧尼亚免于拖欠债务所需要采取的确切措施进行谈判。

该模拟的结构与主要权利中描述的结构类似。主要区别在于将一个不可评分的议题(改革的时间和顺序)与可评分的问题(债务削减,增值税和企业所得税率)相结合。根据说明,谈判方的偏好只能部分量化,并用以下公式表示:

格瑞克欧尼亚政府得分 = 6×债务削减 − 3×企业所得税 − 1×增值税 + a格瑞克欧尼亚 ∗ 改革

"将债务削减幅度提高一个百分点的重要性是将企业所得税削减一个百分点的两倍。增值税的变化比企业所得税的变化重要三倍。"

联盟得分 = 6×债务削减 + 1×企业所得税 + 3×增值税 + a联盟 ∗ 改革

"减少一个百分点的债务削减获得的重要性是提高一个百分点的增值税税率的两倍。提高增值税的重要性是提高企业所得税的三倍。"

秘密说明和双方的得分公式揭示了双方对谈判议题的评估差异。除了债务削减，其他变量的权重各不相同。这就为双方提供了利用差距创造价值的机会。

我们不能确切地量化改革的时间和顺序对谈判各方的重要性（公式中 a 格瑞克欧尼亚和 a * 联盟为不确定数值），以及针对这一议题的不同选项的价值，但我们知道，这对联盟来说是最重要的议题，对格瑞克欧尼亚政府来说是最不重要的。

此外，就谈判议题上双方的保留点向双方做出说明。表26对其进行了概述：

表26　各方可评分议题的保留点以及议价区域

议题	最小值	最大值
债务削减（%）	40%	50%
增值税（%）（目前10%）	13%	18%
企业所得税（%）（目前20%）	23%	25%

关于必要改革的时间和顺序的议题，双方没有做出明确的保留点，而是提到了它们的期望点。具体而言，格瑞克欧尼亚政府正计划在整个时期内逐渐推行改革。格瑞克欧尼亚政府首先实施的是那些最不受争议、对公民影响最小的措施。他们希望推迟实施最受争议的改革，直到围绕金融危机引起的社会紧张局势明显缓和。相反，联盟希望格瑞克欧尼亚政府精简改革措施，从那些有潜力获得最高收入或能节省成本的改革开始，他们希望格瑞克欧尼亚政府在第一年实施这些措施，第二年贯彻尚未实施的改革措施。

显而易见，由于得分函数中的一个变量不能量化，我们不能将它们组合起来绘制帕累托效率边界图。同理，我们也不能仅仅根据谈判取得的实质性结果来评估谈判者的表现。因此，如本章导言所述，需要专家评委来评估当事人在价值创造和价值索取方面的表现。

除了一般指示信息和秘密须知外，该模拟还有视频辅助材料可供使用，由才华横溢的年轻电影制作人斯托·扬科夫担任导演，我们制作了三个短片，以全球商务谈判挑战赛新闻报道的形式，总结了模拟案例的内容，并展示了两种可能结果将会造成的后果。

会议由拉里·麦昆（Nyasha Ngara）主持，讨论了主要利益相关方和专家代表眼里的格瑞克欧尼亚局势：

• 德国财政部部长赫伯特·施密特强调，格瑞克欧尼亚政府必须立即采取政治行动，实行必要的财政改革，特别是增加税收。他表示，联盟愿意通过适度削减债务来支持格瑞克欧尼亚。

• 德国银行（Germonian Bank）首席执行官乔·伯格曼（Jo Bergmann）指出，让格瑞克欧尼亚大幅削减债务，可能也会鼓励其他国家增加财政赤字。他坚持认为格瑞克欧尼亚改变财政政策是获得财政支持的先决条件。

• 格瑞克欧尼亚总统迪米特里奥斯·帕帕佐普洛斯强调了局势的严重性和债务重组的迫切需要。他承认，一些增加税收可能是不可避免的。

• 格瑞克欧尼亚工会主席帕帕扬尼杜（Patroula Papayiannidou）描述了债务危机引发的社会紧张局势，警告目前不可增税。他认为增加税收可能会加剧社会动荡局势。

• 金融学者维达斯·阿莫纳斯总结并分析了谈判议题，侧重的议题是债务削减和增加增值税和企业所得税。

在剩下的两个视频中，他们简要讨论了谈判双方达成协议和未达成协议的后果。

格瑞克欧尼亚谈判是一种基于量化和非量化议题组合谈判角色扮演模拟案例。谈判双方对谈判议题的偏好差异和评估差异使他们能够通过侧重于各自最看重的东西从而创造价值。对于谈判团队来说，面临的主要挑战是将一个非量化的议题（改革的时间和顺序）与量化的（包括分配性和整合性）议题结合起来，在双方之间建立足够的信任，以分享与其偏好有关的敏感信息，从中识别增值选项，挖掘出谈判的全部价值潜力。然而，这在高度竞争的情况下是难以实现的，这可能使谈判者只注重价值索取，而不是将其与价值创造结合起来。他们一旦落入这个陷阱，便有可能达成次优协议，未能挖掘出谈判潜在的全部价值。

二、国家之战（The Battle of the Nations）

作者：詹姆斯·唐斯，贾里德·卡登

指导人：雷米久什·斯莫林斯基

谈判方数量：2　准备时间：45分钟　谈判时间：45~60分钟　复杂程度：高

教学重点

准备，定义谈判议题，信息交流，理解共同利益，保留点，最佳替代方案，创造价值选项，价值索取，原则式谈判，关系建立，信任创造，客观标准，公平，整合式谈判。

简要描述

国家战争是1813年德国解放战争期间的双方多议题角色扮演模拟谈判案例。面对迫在眉睫的进攻，拿破仑必须加强莱比锡城的防御力量，以击退敌人。为此，他需要盟友华沙公国乔泽夫·普尼亚托夫斯基王子提供足够的军事支持。然而，普尼亚托夫斯基王子担心战后自己的国家会遭受入侵，因此，必须节省足够的资源来保护家园以及维护自己的政治和经济目标。

1813年10月，拿破仑的重型军队从入侵俄国的灾难中恢复过来，现驻守在萨克森州。因拿破仑试图重建军队，普鲁士人和奥地利人与俄国军队联合进攻拿破仑。在短暂的停战后，拿破仑在德累斯顿以少胜多，取得了决定性的胜利，导致盟军伤亡惨重。与此同时，他的一位将军在柏林被击败，这迫使拿破仑将军队转移到莱比锡城。拿破仑打算加固这座城市的防御体系。

对抗拿破仑的是一支由俄罗斯人、普鲁士人、奥地利人和瑞典人组成的人数为35万的盟军，由奥地利陆军元帅弗尔德·马歇尔·施瓦辛格指挥。此时跟随拿破仑的军队有22万人，其中14万人由他个人直接指挥。这些人包括法国人、意大利人、撒克逊人、莱茵河联盟的各种成员，以及华沙公国的普尼亚托夫斯基王子率领的8万人的波兰军队。

为了准备这场即将到来的战役，拿破仑计划在莱比锡郊外的小村庄佩尼格会见普尼亚托夫斯基王子，讨论战略。这次会议至关重要，如果法国在即将到来的莱比锡战役①中失败，拿破仑军队将被迫撤退到法国境内。这也意味着他将失去对莱茵河联邦的控制，而为了这片领土他们军队中已经有数千人牺牲了。此外，他不仅将失去为其军事行动提供资金的重要税收基础，还将引发他控制下的其他国家的反抗。因此，赢得莱比锡战役是维持他对欧洲的政治和军事控制的关键！

乔泽夫·普尼亚托夫斯基王子秘密说明

作为华沙公国的乔泽夫·普尼亚托夫斯基王子，你是欧洲最有权势

---

① 1813年10月22日，在莱比锡战役结束不久，阿尔明·冯·阿尼姆（Armin Von Arnim）在为一家柏林报纸撰写的文章中首次用"国家之战"（Vlkerschlacht）这个词来描述莱比锡战役。

的人之一。华沙公国只是波兰王国的一部分，波兰王国大概在 20 年前被俄罗斯、奥地利和普鲁士入侵并瓜分。你是前波兰国王的侄子，现在是华沙公国波兰军队的首领。自 1811 年以来，你一直是拿破仑的亲密盟友和朋友，在对抗俄罗斯的长期战役中，你们之间的信任和尊重与日俱增。在德累斯顿战役中战胜普鲁士、俄罗斯和奥地利的盟军之后，你的 8 万大军刚刚抵达莱比锡。现在重要的是，要在莱比锡市周围建立防御工事，以便成功地抵御败后重组的愤怒的联盟军队。你知道，费尔德·马歇尔·施瓦辛格的军队正从德累斯顿快速赶来，可能会在防御工事建成前便发起攻击，这对你们来说将是一场灾难。你将与拿破仑会面，讨论与局势相关的重要问题。你刚从一位指挥官处获悉，拿破仑可能会要求你的部队在战争初期独自保卫这座城市，直到建成防御工事。

这让你十分忧虑，费尔德·马歇尔·施瓦辛格军队的兵力强，规模大，拥有骑兵、步兵和炮兵共 35 万人。独立作战会令你损失大量军队（可能是全部）。这是你不能接受的。你知道国家很快就会受到俄罗斯军队的威胁，如果你失去了大多数保卫莱比锡的军队，将无法再保卫自己的国家。敌人入侵会给国家带来毁灭性的打击，光复波兰王国的机会将荡然无存，你也再没有机会可能成为国王。因此，你需要部署更多兵力来保卫公国免受俄罗斯的入侵。

此外，如果拿破仑赢了这场战役，随着俄罗斯、普鲁士和奥地利联盟被击败，普鲁士很容易成为入侵目标。这个内陆国家便有机会进入普鲁士波罗的海的几个海港城市——哥尼斯堡、但泽、罗斯托克和什切青。如果你能攻下一个或多个重要的港口城市，公国将由此开启它的海上贸易之路。这些城市的贸易额和税收将会是一笔巨大的财富，可以为重建波兰王国提供资金。作为前波兰国王的侄子，你的威望将确保你登上国王之位！

考虑了这些选择之后,你做出了决定:如果拿破仑要求你独自保卫莱比锡,你就要求他同意让你完全控制一个或多个普鲁士城市。然而,要想抵御俄罗斯,你至少需要规模为2万人的军队。战后,你的军队规模扩大,超过2万人,俄罗斯就不太可能会再进攻华沙了。工作人员根据他们丰富的经验和进攻盟军的规模制定了表27,以帮你预测在莱比锡保卫战中可能发生的损失。

表27 波兰军队保卫莱比锡预计会遭受的损失表

向拿破仑承诺的军队规模		30,000	40,000	50,000	60,000	70,000	80,000
N天后军队存活人数	1天	75,000	74,000	72,500	71,000	69,500	68,000
	2天	67,850	63,800	59,750	55,700	51,650	47,600
	3天	57,140	49,520	41,900	34,280	26,660	19,040
	4天	50,000	40,000	30,000	20,000	10,000	0

从创建华沙公国的波兰军队的经验来看,你知道养1.2万至1.5万名士兵需要花费一个城市的税收。

据拿破仑亲密圈子里的可靠消息,他最近正在考虑授予你帝国最高和最负盛名的头衔——帝国元帅[1]。尽管有许多来自世界各地的伟大将军为拿破仑作战,但到目前为止,他只提名了20位帝国元帅,都是拿破仑的密友,且都是法国人。接纳外国人进入他们的贵族行列,肯定会让一些人感到不快,且引发新一轮的谣言和猜测。尽管对拿破仑的计划感到欣慰,但你的心里只有波兰,除了追随你叔叔的脚步,成为波兰的

---

[1] 帝国元帅或元帅是法兰西第一帝国时期授予的一种公民荣誉。元帅是帝国的高级官员,在最高法院担任重要职务,并且有资格担任选举团的主席。虽然这个头衔最初的意思是"最杰出的将军",但拿破仑一直用他自己的方式来解释它,因此该荣誉称号存在争议。资料来源:https://en.wikipedia.org/wiki/Marshal_of_the_Empire。

第三章 掌握四种谈判类型

下一任国王之外，你对任何事情都不感兴趣。希望拿破仑的提议不是为了分散你的注意力，毕竟，与之相比，成为一名帝国元帅几乎毫无意义。

多年来，你和部下为了伟大梦想打了无数的仗，这个梦想是百万同胞共同的梦想，即重建波兰王国。获得普鲁士波罗的海海港城市的控制权将大大改善国家的经济稳定性，加上拿破仑给你授予的帝国元帅的头衔，你将成为名正言顺的波兰王位候选人。

作为坚定的单身主义者，当你获悉拿破仑正计划将他妹妹波琳（瓜斯塔拉公主）嫁给你时，你毫无喜悦之情。波琳今年33岁，美丽迷人，受到欧洲无数贵族和高级官员的爱戴和钦佩，但你却不是其中之一。你只和她见过几次面，不是你喜欢的类型。现在由于滥交问题，她已是臭名昭著，也不可能成为你的未来女王。截至目前，她的丈夫命运多舛。第一位死于前往海地的军事远征途中。最近，第二位在她的怀里咽下了最后一口气。你不想成为下一个！

这是依靠拿破仑重建波兰王国的最佳时机。敌人正联合军队迅速朝你们的方向前进。为了实现梦想，你必须赢得这场战斗。很明显，拿破仑在国家之战中的胜利和他的未来帝国在很大程度上取决于你的支持力度。这种依赖性给你创造了推进战略和执行目标的绝佳机会。然而，请记住，拿破仑作为皇帝和指挥官选择与你讨论这些问题，而不是简单地执行他的决定，你需要仔细权衡论点，明智地使用资源，让波兰引以为豪！

你指挥的部队：80,000 人

60,000 名正规步兵和非正规步兵

10,000 名骑兵

5,000 支轻型火炮

127

5,000名步兵

拿破仑的军队：140,000人

80,000名正规步兵和非正规步兵

20,000名骑兵

20,000名龙骑兵（骑兵步兵，骑乘但下马步行作战）

10,000名帝国卫队和海军陆战队（拿破仑的私人卫队和预备役部队）

5,000名炮兵

5,000名掷弹兵

最后需要注意的是，你必须与拿破仑达成协议。如果输给盟军，他可能会失去帝国，你可能会失去获得波兰王国的机会。

祝好运！

拿破仑皇帝的战地秘密说明

拿破仑知道要赢得即将到来的战斗，必须在城市周围建造防御工事。你也知道，盟军正在迅速接近，很可能在防御工事建成前他们便攻了过来。那将是一场灾难。因此，为了尽快建成，你需要把所有的部队投入到建设工作中去。为了确保这座城市在防御工事建成前不受来自盟军的攻击，你需要波兰的长期盟友普尼亚托夫斯基王子的帮助。他和8万人的波兰军队刚刚与你一道从德累斯顿凯旋。

具体来说，你需要说服普尼亚托夫斯基王子投入尽可能多的军队并尽可能长时间地防守莱比锡的外围，以便能够成功地完成防御工事建设。你需要至少两天的时间来准备最基本的防御。时间不可少于两天，否则会导致战斗失败。如果普尼亚托夫斯基王子可以拖住费尔德·马歇尔·施瓦辛格军队4天的时间，你就有信心做好充分的防御准备，甚至可以抵挡负隅顽抗的敌人。除了延长天数之外，普尼亚托夫斯基王子需要部署至少4万名士兵来拖住费尔德·马歇尔·施瓦辛格和他的军队，普尼亚托夫斯基王子能部署的士兵越多越好。你知道，少于4万人的华沙军队无法阻挡前进的盟军。你确信普尼亚托夫斯基王子若部署8万名士兵，他可以轻而易举地挡住盟军，直到防御工事建成。

你必须说服普尼亚托夫斯基王子同意这一点，但是他可能不愿意这样做。仅凭费尔德·马歇尔·施瓦辛格的军队，他就冒着军队成千上万人牺牲的风险。不过，他对获得普鲁士波罗的海海港城市——哥尼斯堡、但泽、罗斯托克和什切青非常感兴趣。如果他能获得一个或多个重要港口城市，华沙就能开启海上贸易之路！（华沙公国是一个内陆国家）此外，华沙公国只是波兰王国的一部分。由于普尼亚托夫斯基王子是前波兰国王的侄子，由此而树立的威望可以帮助他登上王位，恢复波兰王国！你计划于明年入侵普鲁士，那时哥尼斯堡、但泽、罗斯托克和什切青等城市都会沦陷并为你所控制。为了鼓励普尼亚托夫斯基王子最大限度地投入士兵，尽可能长时间地阻挡盟军，你愿意放弃对哥尼斯堡、但泽、罗斯托克和什切青等城市的控制。他们是重要的海港贸易城市，每个城市将代表大约10%的普鲁士地区税基，4个城市就占了40%，若全部交出去，可能会影响未来军事行动的融资。根据你丰富的经验，一个城市的税收可以支付1万至1.5万名士兵费用。

另一个可能抵消部分税收的方法是授予普尼亚托夫斯基王子帝国最高和最有声望的头衔，即让他成为你的帝国元帅。尽管有许多伟大的将军为你在世界各地作战，但到目前为止你只提名了20名帝国元帅。他们都是你的密友，且都是法国人。接纳外国人进入贵族行列，肯定会让其中一些人感到不快，并引发新一轮的谣言和猜测。然而，你决心面对这些可能的阻力，决心承担后果。普尼亚托夫斯基王子比任何人都配得上这个头衔！

然而，从与普尼亚托夫斯基王子无数次的谈话中你了解到，他与数百万同胞的伟大梦想便是重建波兰王国。获得普鲁士波罗的海海港城市的控制权，将极大地改善其国家经济的稳定性，这一切加上你为普尼亚托夫斯基王子授予的头衔，将使普尼亚托夫斯基王子成为波兰王位名正言顺的候选人。对你最喜欢的妹妹波琳公主来说，他也是伴侣的不二之选。

波琳今年33岁，美丽迷人，受到欧洲无数贵族和高级官员的爱戴和钦佩。虽然有些谣言把她描述成臭名昭著的滥交女人，但她对你和兄弟姐妹热情、善良、忠诚，你不相信这些谣言。尽管波琳美丽迷人，但截至目前，她的丈夫运气都不佳。第一个人死于去海地的军事远征途中。最近，第二个人在她的怀里咽下了最后一口气。波琳是当之无愧的女王，她与普尼亚托夫斯基王子的婚姻将巩固你与波兰未来王国的关系。

波兰士兵和将军是可敬而勇敢的，但你不确定在这个时间点上实现梦想，建立波兰王国是否会削弱战斗士气。一旦获得了他们正在为之奋斗的东西，他们还会与你并肩作战，英勇战斗吗？忠诚和感激会占上风吗？

你认为，从战略角度来说，重建波兰王国是一项明智的决定，愿意做出必要的安排，但时机不对。敌军正联合起来迅速朝你处进发，以结束你的统治和帝国。因此，现在的首要任务是为即将到来的战斗做必要的准备。

你指挥的军队：140,000人

80,000 名正规步兵和非正规步兵

20,000 名骑兵

20,000 名龙骑兵（骑兵步兵，骑乘但下马步行作战）

10,000 名帝国卫队和海军陆战队（拿破仑的私人卫队和预备役部队）

5,000 名炮兵

5,000 名掷弹兵

普尼亚托夫斯基王子指挥的军队：80,000 人

60,000 名正规步兵和非正规步兵

10,000 名骑兵

5,000 支轻型火炮

5,000 名步兵

工作人员已经提供了以下信息（表28），该信息总结了完成防御工事建设所需的时间及其相应的后果。

表28 城市防御工事的建设及其后果

完工时间（天数）	1	2	3	4
莱比锡的防御工事	25%	50%	75%	100%
拿破仑军队的后果	1个联盟军能对抗3个法国军 你会输	1个联盟军能对抗3个法国军 你可能会输	势均力敌 你可能会赢	法国军队能打败其规模两倍的联盟军队 你相信你会赢

你必须在这次会面中达成协议。普尼亚托夫斯基王子是成功的指挥官，波兰军队也为之前的战役牺牲惨重，你不能直接命令他出动全军。

131

多年的并肩作战，你对他越来越尊敬和钦佩。你担心他会和军队一起叛变加入盟军，就像你的许多前任指挥官一样。因此，你必须尽你所能，极力说服他。否则，你将输掉这场战斗，甚至可能输掉你的帝国！

祝好运！

总结报告

国家之战是为 2016 年维也纳全球商务谈判挑战赛而编写的一个双方多议题角色扮演模拟谈判案例。该谈判是在维也纳外交学院最后一轮资格赛上进行的。经验丰富的谈判学者和专业人士对参与团队的表现进行了评价。国家之战是一种基于量化和非量化议题相组合的谈判角色扮演模拟。模拟中描述的谈判双方小组分别代表拿破仑及其顾问和普尼亚托夫斯基王子及其顾问。谈判目的是战争期间为保卫莱比锡市做准备。谈判小组的任务是如何最大限度地分享各自的资源，提高战胜的概率，如何实现战后各自的最佳政治和经济目标。具体来说，必须在城市周围建造防御工事，以抵御联盟军接下来狂暴的攻击。然而，联盟军可能会在建成防御前发起进攻推迟敌人的进攻。然而，由于敌人数量庞大，普尼亚托夫斯基王子可能会丧失大量的军队。这对他来说是不可接受的，那样会使他无法保护自己的国家不受即将到来的俄罗斯军队的攻击，导致家园被毁，失去恢复波兰王国和登上王位的机会。

秘密须知揭示了谈判需要协定以下主要问题：

1. 致力于防御的部队人数

拿破仑必须说服普尼亚托夫斯基王子在建设防御工事时调用自己的军队独自抵挡进攻。他需要普尼亚托夫斯基王子承诺规模至少为 4 万人的军队。少于这个数量会导致战争失败，超过这个数量就会增加成功的机会。

普尼亚托夫斯基王子有 8 万名士兵。他若承诺帮助拿破仑，就一定会损失大量军队。然而，为了保卫自己的国家不受俄罗斯入侵，他必须保留至少 2 万名士兵，并且，保留下来的士兵越多，俄罗斯就越不可能对他发起攻击。

2. 防御天数

拿破仑需要普尼亚托夫斯基王子承诺至少为他抵挡两天的进攻，确保建成最基本的防御工事，使他们有机会获得胜利，否则一定导致战争失败，时间增加，胜利的概率也就越大。若普尼亚托夫斯基王子能为其防守 4 天，他便胜券在握了。

对于普尼亚托夫斯基王子来说，承诺的天数越多，就意味着失去更多的军队。损失率与他所承诺的部署人数直接相关（见表27）。然而，无论他承诺多少天，最终保留下来的士兵人数不可低于 2 万人，否则承诺无效。

3. 波兰王国

普尼亚托夫斯基王子认为，此时是要求拿破仑重建波兰王国的最佳时机。他意识到军事承诺直接决定了拿破仑的成功和帝国的未来。这种依赖是独一无二的机会，可以推进他的战略和执行目标。他希望能够就此和拿破仑进行商讨。

拿破仑认为，从战略角度来说，重建波兰王国是一项明智的决定，他愿意做出必要的安排，但时机不对。敌人的军队正联合起来迅速朝他们进发，以结束他的统治和他的帝国。因此，他现在的首要任务是为即将到来的战斗做必要的准备。

4. 帝国元帅

为了表彰普尼亚托夫斯基王子的军事功绩，感谢他的支持，拿破仑将授予他帝国最高和最具声望的头衔，令他成为帝国元帅之一。

普尼亚托夫斯基王子明白并欣赏这一伟大荣誉，但对于他来说，成为下一个波兰国王更重要。他希望拿破仑授予他这个头衔不是为了分散他在主要目标上的注意力。

5. 被割让波罗的海港口城市的数目

在成功地防御和击败进攻盟军之后，入侵被削弱的普鲁士将使波罗的海四个重要港口城市沦陷。对普尼亚托夫斯基王子来说，从拿破仑那里获得一个或多个城市，将改善国家的经济（贸易和税收财富），有助于为他重建波兰王国，登上王位。他获得的城市越多，实现目标的机会就越大。

对于拿破仑来说，割让每一个城市都将使普鲁士领土税基数减少10%。放弃四个海港城市意味着放弃40%的税基，这可能会影响他为未来军事行动的融资。

6. 波琳公主

拿破仑相信他最喜欢的妹妹波琳将成为未来波兰国王的最佳伴侣。到目前为止，她和之前的丈夫关系不好，但她应该成为女王，她与普尼亚托夫斯基王子的婚姻可以巩固他与波兰王国的关系。

普尼亚托夫斯基王子获悉拿破仑的计划后并不高兴。他是个坚定的单身主义者，并且波琳不是他喜欢的类型。此外，她滥交的名声决定了她不可能成为未来女王。

普尼亚托夫斯基王子的主要利益在于全力支持拿破仑，确保战争胜利，争取一切机会，重建波兰王国并登上王位。然而，他现在进退两难。他知道对拿破仑的支持力度越大，他们赢得这场战役的概率就越大。而战役的胜利是他从拿破仑手中获得海港城市的最大筹码。然而，如果他过分承诺拿破仑，剩下为数不多的军队将无法保卫他的国家不受战后俄罗斯的入侵，也就结束了他重建波兰王国的希望。因此，他认为，保留至少 2 万名士兵保卫祖国，生死存亡与避免此次战争的失败同样重要。此外，谈判因部署规模和抵抗天数这两个议题变得复杂。这两个议题虽然属于不同的谈判标准，却相互关联，都关系到士兵的存活率。正如秘密须知中的表 27 所示。因此，他必须仔细地权衡谈判，尽可能多地争取几个城市，减少人员损失，最后，重建波兰王国和成为国王是他真正最关心的问题，需要极其谨慎，不能为"帝国元帅"的头衔和与拿破仑妹妹的婚姻这些潜在的小议题而分心。

拿破仑主要目的是通过从普尼亚托夫斯基王子手中获得尽可能多的保卫军队和承诺天数，以赢得这场战争。事实上，他需要尽可能多的士兵和时间来最大化获胜的机会。具体而言，他的底线是两天和 4 万名士兵。若达不到这个要求，他肯定会输掉这场战争，若能争取到 4 天，就肯定能获胜。拿破仑认识到普尼亚托夫斯基王子迫切想要重建波兰王国，成为国王，这一目标的关键是获得波罗的海港口城市。他愿意用一个（或更多）海港城市来交换普尼亚托夫斯基王子的承诺。然而，令他感到两难的是由此带来的收入损失（普鲁士税收基础 10%）。他只想付出最小的代价。拿破仑不愿在这场决定性的战役前讨论如何重建波兰王国，只想讨论授予他帝国元帅的头衔和与他妹妹波琳的婚姻；其他的问题可以延后再谈。虽然，皇帝和指挥官可以将他的意志强加于普尼亚托夫斯基王子，但他更愿意让普尼亚托夫斯基王子参与决策，尤其是还存在普尼亚托夫斯基王子和军队叛变风险的时候。一般而言，鉴于谈判人员能够承认彼此各自的利益以及使用必要的谈判技巧，这次谈判可能导致以下结果：

（1）创新、协作的解决方案

双方的共同利益在于赢得这场战斗。拿破仑需要普尼亚托夫斯基王子关于军队和天数的承诺来确保莱比锡的成功防御，稳定他对中欧的控制。普尼亚托夫斯基王子需要拿破仑的战后支持，即让出一个或多个波罗的海港口城市给他，以帮助其重建波兰王国并成为国王。如果双方分享保密信息，他们就会意识到，两天和4万名士兵是拿破仑所能考虑的最低防御水平。从选项衡量标准来看，这将造成1.62万名士兵的损失。他们也可能意识到，抵抗天数比投入的军队规模对战争结果的影响更大。此外，普尼亚托夫斯基王子只要获得一个海港城市，就足以实现重新建立波兰王国并成为国王的目标。因此，这存在着一个巨大的解决空间，可以创造性地探索其限度，而过早妥协将会缩小这个空间。如何选择将取决于谈判双方关系质量等关键因素，这些因素将有效地引导谈判的动态进程。

以下是一些综合备选方案示例：

- 拿破仑也许会向普尼亚托夫斯基王子许诺一定数量的军队，以在战后帮助其保卫华沙。
- 拿破仑和普尼亚托夫斯基王子可以交换一定数量的军队，以确保普尼亚托夫斯基王子有足够幸存的部队来保卫华沙。
- 拿破仑可以将建设防御工事的军队分配一些给普尼亚托夫斯基王子，以增加他军队的数量，从而抵挡住盟军的军队。
- 普尼亚托夫斯基王子可以提议与拿破仑分摊新获得的港口城市的部分税收收入。

（2）竞争性过程与解决方案

各方的利益基本上是相容的，但对普尼亚托夫斯基王子军事资源的替代计划有时可能演变成双方之间的冲突。谈判开始时，一方要求过高或过低的军队数量（锚定），可能会导致冲突加剧。这种策略加大了谈判双方之间的竞争压力，将焦点从价值创造转向了价值索取。

此外，代表普尼亚托夫斯基王子的谈判代表需要在支持和帮助拿破仑赢得战争和利用这一独特机会扩大自己利益并重建波兰王国之间找到平衡点。对于双方的未来以及共同关心的利益来说，赢得即将到来的战斗至关重要。对于拿破仑来说，这是最重要的问题，但对于普尼亚托夫斯基王子来说，这只是向他成为波兰国王的梦想迈近了一步。因此，代表他的谈判者需要仔细权衡他们的要求，以防遇到勒索或威胁。由于双方当事人之间的利益高度一致，即使是过程激烈的竞争性谈判，通常最终也会达成协议。然而，竞争越激烈，协议就越侧重于为即将到来的战斗提供必要的时间和军队，而不是反映华沙公国和普尼亚托夫斯基王子的未来。

（3）未达成协议

鉴于双方的共同利益以及未能达成协议双方将承担的严重后果，谈判不能达成协议的可能性微乎其微。然而，若发生这种情况，通常原因是谈判双方关系受损和自尊心受伤。

如果谈判双方不能达成协议，各方应当被告知下列信息：

代表拿破仑的谈判方应当被告知他被费尔德·马歇尔·施瓦辛格深深地击败了。因此，他被迫撤退到法国，随后失去了帝国，被流放到了厄尔巴岛。

代表普尼亚托夫斯基王子的谈判方应该被告知，俄罗斯军队击败拿破仑后信心大增，随后入侵华沙公国，并将其变成俄罗斯的一个省，人民从此生活在水深火热之中，国家也从此灭亡了。2016年全球商务谈判挑战赛中的谈判小组大多数都在谈判中达成了协议，并保证了必要的时间和军队数量，改变了历史，从而赢得了这场国家之战。然而，各队伍的协议质量差别却很大。一些队伍把重点放在即将到来的战斗上，另一些队伍设法重建波兰王国并帮助普尼亚托夫斯基王子成为国王。只有一个队伍在谈判中没有达成协议。

三、柏拉图学院（Plato's Academy）

作者：雷米久什·斯莫林斯基

谈判方数量：2　准备时间：45分钟　谈判时间：60分钟　复杂程度：高

教学重点

准备，定义谈判问题，信息交流，了解共同利益，保留点，最佳替代方案，生成价值创造选项，价值索取，原则式谈判，关系建立，信任创造，客观标准，公平，整合式谈判。

简要描述

柏拉图学院是一个多议题，非评分的角色扮演模拟谈判案例，该谈判事件是基于一场发生在古格瑞克欧尼亚的争论而设定的。争论一方是柏拉图学院的创始人柏拉图，该学院是古代的一个学习中心。另一方是亚里士多德，他是柏拉图的得意门生，有可能成为柏拉图学院的继任者。他们发现双方在关于学院的未来愿景上存在着巨大的分歧。谈判者作为代表，不能过于情绪化，需要通过多个议题达成协议来解决这一争端，以修复他们日益恶化的关系，并为学院创建一个光明的未来。谈判者必须小心地驾驭这一点！

亚里士多德团队秘密说明

当太阳落在雅典卫城的山丘上时，亚里士多德低着头慢慢地穿过学院神圣的树林。

"他就是不懂我的意思。我们可以为雅典和学院做更多的事情。这位固执的老人根本没有考虑我的提议。他认为风险无处不在，无论我的论点多么有力，他都不愿意做出任何改变。"

自从今天下午和柏拉图见了面之后，亚里士多德一直感到非常失望和沮丧。他不敢相信自己亲爱的导师会如此目光短浅，对这样一个绝佳的机会视而不见。

一、柏拉图学院

公元前384年，柏拉图在游历了意大利、西西里、埃及和昔兰尼之后，又回到了雅典。那时，他已经40岁了，是一位知名学者，也是一位备受尊敬的雅典公民。之后不久，柏拉图在雅典以北一英里处的一处遗址上建立了他的学院——柏拉图学院，那里有一片神圣的橄榄树林，供奉着智慧女神雅典娜。

从一开始，柏拉图学院就缺乏正式的组织结构。学院定期举行一系列非正式的聚会，吸引了当时雅典最伟大的思想家。虽然学院不收取任何会员费，但它保持着精英性质，不向公众开放。它从来没有正式的课程，教师和学生之间的区别是相当模糊的。柏拉图认为，不应该对教育新成员的过程施加任何限制，这一点总是很重要的。"智慧不受限制"，他常说。加入学院的成员年龄通常在16~20岁，初级成员通过与导师不断地对话获得知识和智慧，以解决口头提出的问题。柏拉图经常通过激励成员寻找对可观察现象的最简单的解释来鼓励科学研究。

柏拉图的学院有许多著名的成员，包括亚里士多德（他的门生和忠实的追随者）。亚里士多德在那里学习了20年，即公元前367—前347年。"在这一切之后"，谁能想到这种奉献会变成失望呢？

二、会见柏拉图

亚里士多德在今天与柏拉图的见面中提出了许多重要问题。他认为，为了加强学院在雅典乃至全世界的声誉，学院需要变得更加结构化,成为一个正式的机构,设定正式的、结构完善的课程以适应雅典社会的需要,而不再是初级成员和高级成员之间无组织、无休止的讨论。一开始,智慧的雅典人举行非正式聚会进行无休止的辩论是有益的,但现在应该实行有组织的、聚焦实践的教育,这是建立在对哲学史的观察、合作研究和文献记录基础上的,而不是基于柏拉图对神秘的形式和理想的追求。此外,学院必须向其成员提供全面的教育,不仅要关注智力的发展,还要注重加强体质。亚里士多德之所以决定向柏拉图提出这些改变,主要是为了使学院变得更好,通过关注雅典人真正需要的东西,让学院走上可持续发展的道路。

然而,听了亚里士多德的话,柏拉图非常生气。他高声说,要不是这种组织方式,学院不可能获得如此高的声誉。事实上,这正是当时贵族阶级把他们的孩子送进学院的原因。"我们怎么才能确保改变它不会毁掉我们几十年的心血?我永远不会改变它的!"柏拉图斩钉截铁地总结道。

亚里士多德接着建议,学院应该扩大招生,让更多的雅典人可以受益于它的知识财富。具体来说,他主张接收较年轻的学员(12~16岁),以成绩而不是社会地位为招生标准,并向学生提供结构化的务实教育,使他们能够利用学到的知识造福雅典社会。

柏拉图愤怒地打断亚里士多德的话,问道:"你真高尚,但谁来为此买单呢?你知道,我们每年只能从支持学院的贵族家庭中招收几名学生[1]。您知道,他们的父母不会欢迎其他社会阶层的成员加入。让他们开心是学院成功的关键。失去他们的支持,学院会遭受严重的财政困难。"

亚里士多德甚至没来得及向柏拉图解释自己的分析。亚里士多德分

---

[1] 通常情况下,每年加入该学院的初级成员不超过5名。初级成员在学院受教育的平均时间为5年。毕业后,他们通常从事政治、学术或军事职业,最终成为参议员、将军、哲学家和数学家。此外,学院的常驻教员由10至20名高级成员组成,并且每年约有10名访问学者,他们偶尔也会帮助授课。

析发现，平均每年招收约60名学生将产生类似的收入，能让学院不再依靠捐赠。事实上，鉴于柏拉图和学院良好的声誉，以及强大的关系网，计划成功的可能性很高。最重要的是，有了其他可替代和稳定的收入来源，学院将获得一个更好的平台，有助于学院可持续发展。

相反，他在等待柏拉图冷静下来，继续向他解释自己的大致想法，即每个学生根据他们的家庭情况支付学费。那些不能支付学费的学生需要为学院工作。然而，对于这个想法，柏拉图又一次表现出不满。学院自成立以来，所有的工作一直由他一个人负责。他认为让学生接替他的任何工作都是无稽之谈。

然而，经过一番思考，柏拉图确实承认，稳定学院的收入来源能令预算的规划和管理变得更加简单。虽然过去曾多次就收取正式学费进行过讨论，但他坚信，由于学院的精英属性以及招收的学生太少，学费需要定得很高，而这样一来，捐款人可能不会再慷慨地捐助学院。亚里士多德想告诉他，若维持目前的预算，学费不会高于40德拉克马。然而，柏拉图仍然恼怒，没有给亚里士多德一个解释的机会。

最后，亚里士多德指出，学院急需建立一个图书馆，并主动表示自己愿意承担这项工作。他敦促柏拉图收集历史和哲学著作，以便学院所有成员学习。这是唯一一条没有惹怒柏拉图愤怒的提议。他承认这个提议值得考虑，但随后关于这个图书馆预算的讨论再次以分歧告终。亚里士多德要求图书馆每年的预算要达到750到1000德拉克马，这大约是学院年度预算的10%[1]。柏拉图只愿意出500德拉克马，虽然不多，但初期的肯定是足够了，以后会慢慢增加。

---

[1] 古希腊的1德拉克马相当于熟练工人的日薪，在现代欧洲相当于约100欧元。古希腊的典型商品价格：面包1德拉克马，羊肉8德拉克马，一加仑橄榄油5德拉克马，鞋子8至12德拉克马，奴隶200至300德拉克马，房子400至1000德拉克马。

141

亚里士多德是学院最优秀的成员。他抱负不凡,既是一位伟大的哲学家,也是一位优秀的教师,赢得了学院所有成员的高度评价。尽管今天闹得不太开心,但亚里士多德一直对柏拉图敬重有加。这一次,他非常坚定自己的想法。如果柏拉图表示不愿做出灵活的变通并拒绝必要的改革,他将离开学院,建立一个新的机构。尽管他知道如果没有柏拉图的声誉和关系网,他将很难招收到学生吸引资金,但如果不能达成令人满意的协议,他无法保证自己是否会继续留在学院。

三、授权你们来谈判

你们是柏拉图学院最聪明的成员,亚里士多德亲自指定你们代表他参加接下来与柏拉图团队的会面。亚里士多德希望学院能够繁荣壮大,交给你们一个代表他利益但不受限制的任务。他允许你们做出反映这些利益的所有决定、承诺和义务。你们要尽量找到最好的解决办法,恢复和平,确保学院有一个光明的未来,但请记住,如果他对你们的谈判结果不满意,他将准备离开学院,追求自己的理想。

祝好运!

柏拉图团队秘密说明

当太阳落在雅典卫城的山丘上时,柏拉图愤怒的声音穿过学院的墙壁。

"这太荒谬了!这完全没有意义!他想毁了我!他想毁了学院!我绝不会让他这么做的!绝不!"

自从今天下午与亚里士多德会面以来,柏拉图一直怒不可遏。他不敢相信他心爱的学生想要毁掉学院——这是他一生中最伟大的作品。

一、柏拉图学院

公元前384年,柏拉图在游历了意大利、西西里、埃及和古伦之后，又回到雅典。那时，他已经40岁了，是一位知名学者和备受尊敬的雅典公民。之后不久，柏拉图在雅典以北一英里处的一处遗址上建立了他的学院，那里有一片神圣的橄榄树林，供奉着智慧女神雅典娜。

从一开始，柏拉图学院就缺乏正式的组织结构。学院定期举行一系列非正式的聚会，吸引了当时雅典最伟大的思想家。虽然学院不收取任何会员费，但它保持着精英性质，不对普通公众开放。学院从来没有开设过正式课程，教师和学生之间的区别相当模糊。柏拉图认为，对新成员的教育不应该施加任何限制，这一点对他来说一直很重要。"智慧不受限制。"他常说。学院新生的年龄通常在16~20岁，初级成员通过口头提问，与导师不断进行交流并解决问题来习得知识和智慧。柏拉图经常通过激励成员对可观察现象寻找最简单的解释来鼓励科学研究。

柏拉图的学院诞生了许多著名的成员，包括亚里士多德——柏拉图的门生和忠实的追随者。从公元前367—前347年，他在柏拉图学院学习了20年。鉴于此，谁能想到这种热忱会变成失望呢？

二、会见亚里士多德

柏拉图考虑了亚里士多德今天见面时提出的各种观点。也就是说，亚里士多德反复强调，学院需要变得更加正式，坚持引入新的组织结构。柏拉图并没有真正理解这个观点，但它应该能对学院在雅典和国外的声誉产生积极的影响。亚里士多德还认为，学院需要成为一个正式的教育机构，设定正式的、结构完善的课程，以适应雅典社会的需要，而不再是采用初级成员和高级成员之间无组织的、无休止的对话形式。他表示智慧的雅典人最初举行非正式聚会进行无休止的辩论是有益的，但现在需要进行改进了。具体而言，现在该注重实践教育了，实践教育是建立在观察、合作研究和学习哲学史文献的基础上，而不是基于对柏拉图理想的追求。此外，亚里士多德还建议学院向成员提供全面的教育，

143

不仅要关注智力的发展，还要注重加强体质教育。

听到这里，柏拉图简直不敢相信自己的耳朵。事实上，他感到失望，甚至愤怒。他觉得亚里士多德，这个他寄予厚望并即将成为他的继任者和下一任学院院长的人，显然想要毁掉他宝贵的一切。他觉得这些改变不是必要的。他认为讲座和哲学对话是最好的教学方法。多年来，这些方法对学院教学来说非常有效。他绝不能放弃自己的理想，这就等于放弃了他的哲学教条。亚里士多德提出的体育教育尤其荒谬，大多数高级学员都已经五六十岁了。

此外，亚里士多德要求扩大招生，以成绩而不是社会地位为标准接受年轻的成员，给予有组织和务实的教育，使他们能够造福雅典社会。

这时，柏拉图愤怒地打断了他的话："你很高尚，但是，谁来为此买单？您知道，我们每年只能从支持学院的贵族家庭中招收几名成员[1]。他们的父母不会欢迎其他社会阶层成员的加入。让他们满意一直是学院成功的关键。失去他们的支持将给学院造成严重后果。"

尽管谈话中断了，亚里士多德随后还是继续阐述他的大致想法。他认为每个学生都应该根据他们的家庭情况支付学费，那些没有能力支付的学生需要为学院工作。然而，对于这个想法，柏拉图又一次表现出不满。学院自成立以来，所有的工作一直由他一个人负责。他认为让学生接替他的任何工作都是无稽之谈。

然而，经过一番思考，柏拉图确实承认，稳定学院的收入来源能使预算的规划和管理变得更加简单。虽然过去曾多次就收取正式学费进行过讨论，但他坚信，由于学院的精英属性以及招收的学生太少，学费需

---

[1] 通常情况下，每年加入该学院的初级成员不超过5名。初级成员在学院受教育的平均时间为5年。毕业后，他们通常从事政治、学术或军事职业，最终成为参议员、将军、哲学家和数学家。此外，学院的常驻教员由10至20名高级成员组成，并且每年约有10名访问学者，他们偶尔也会帮助授课。

要定得很高,而这样一来,捐款人可能不会再慷慨的捐助学院。事实上,柏拉图对此考虑得越多,就越不愿意冒险改变现状。

最后,亚里士多德指出,学院迫切需要建立一个图书馆。他敦促柏拉图收集历史和哲学著作,方便学院的所有成员学习。在这一点上,柏拉图知道亚里士多德是正确的。这将极大地推动学院的发展。如果亚里士多德愿意承担获取和编辑这些作品的任务,他将尽最大努力从与他关系密切的雅典族长那里获得必要的资金。实际上,通过最大的努力,他很可能在一开始为图书馆争取到每年大约500德拉克马的额外预算。他认为亚里士多德提出的每年750到1000德拉克马的要求太夸张了,完全不现实,因为这将占学院年度预算的10%左右。

今天的会面不太愉快,但柏拉图自始至终非常尊重亚里士多德,赞赏他的建议。在他看来,亚里士多德是学院有史以来最优秀的成员。他抱负不凡,独立自主,既是一位伟大的哲学家,也是一位优秀的教师,赢得了学院所有成员的高度评价。正因为如此,他开始向雅典上流社会介绍亚里士多德,为他成为学院的新院长做准备。但是现在,他犹豫了:"我不确定这是否是一个好主意……他可能还没准备好……也许他甚至不是正确的人选……斯皮西普斯也许不像亚里士多德那么聪明,相比之下缺乏远见和领导才能,但至少我们似乎对学院的未来有着相同的看法……也许我应该选择他而不是……如果亚里士多德能理解学院目前的组织方式,在财政上是可持续的并且在教学上是健全的……看到他离开,我会很难过。"

三、授权你们来谈判

你们是学院中聪明且值得信赖的成员,柏拉图亲自指派你们代表他参加接下来与亚里士多德团队的会面。柏拉图希望看到学院的繁荣和发展,明确交给你们一个代表他和学院利益的任务,这个任务没有任何约束条件。他允许你们可以做出反映这些利益的所有决定、承诺和义务。你们要尽力找到最好的解决办法，恢复和平，确保学院光明的未来，但要记住，只有得到令人信服的理由，柏拉图才能同意对学院进行改革。

祝好运！

总结报告

柏拉图学院是为2013年雅典全球商务谈判挑战赛编写的一个多议题、非评分的整合式角色扮演模拟谈判案例。该比赛谈判双方分别为代表莱比锡商学院和雷克雅未克大学的团队。

角色扮演中描述的谈判发生在柏拉图和亚里士多德的代表之间，柏拉图是柏拉图学院的创始人，亚里士多德是他最优秀的学生和可能的继任者。双方的主要目的是解决柏拉图和亚里士多德之间关于学院未来的争论。在注重保护双方实质利益的同时，谈判双方还需要恢复两人之间受损的关系，为他们今后的合作奠定积极的基础。秘密须知揭示了在谈判中需要达成协议的问题以及每个问题涉及的各方利益：

1. 正式组织化教学

柏拉图学院缺乏正式的组织。学院只是定期举行一系列非正式的聚会，最初吸引了当时雅典最伟大的人物。

亚里士多德坚持应当设定更正式的、结构完善的课程，以提高学院的声誉，并为未来的发展奠定基础。

柏拉图不明白引进新结构如何能推动学校的发展。对他来说，重要的是不要对新成员的教育施加任何限制（"智慧无止境"）。

2. 教学理念

根据亚里士多德的教学理念，学院必须为成员提供全面、务实的教育，不仅要注重智力的发展，还要关注加强体质的教育。

对于柏拉图来说，讲座和哲学对话是他所认为的最好的教学方法，多年来，这些方法对学院的教学来说非常有效。柏拉图永远不会放弃理想主义，这是他认为的最根本的哲学主张。

3. 入学资格

亚里士多德主张录取学生的依据是成绩，而不是社会地位。他还希望允许年轻成员（12~16岁）加入。

柏拉图不愿意对此做出改变。他担心，扩大招生会对学院的精英属性和预算产生负面影响。

4. 财务

目前，学院的经费完全来自雅典富人的捐款。亚里士多德认为，每个学生应该根据他们的家庭情况来支付学费。那些无力承担学费的人将通过协助学院的管理来赚取学费。

柏拉图同意，稳定学院的收入来源能使学院预算的规划和管理简单化。然而，他同时坚信，由于学院的精英属性和成员太少，学费必须定得非常高，而这样一来，捐款人可能不会再慷慨地捐助学院。

亚里士多德没来得及提出他关于财务的新想法，不仅能保持目前的预算，还能令学费低于40德拉克马。

5. 图书馆

图书馆是一个兼容的问题，双方都有兴趣建立一个图书馆，作为学院的一部分来运作。

柏拉图承认有必要建立图书馆，而亚里士多德则自愿管理它。

亚里士多德估计图书馆每年的预算为750到1000德拉克马，高于柏拉图愿意提供的500德拉克马。

通常来说，谈判者能够承认彼此的利益并能运用必要的谈判技巧，因此谈判可能会产生以下结果：

1. 未能达成协议

最初，双方的利益差别似乎很大，关系受损严重，很难找到共同点。试图说服对方谁是谁非，只会放大这些差异，可能会加剧他们之间的冲突。

如果不克服这些分歧，将可能导致无法想象的结果，导致双输的局面。在这种情况下，亚里士多德离开学院，试图建立自己的教育机构。学院保持现状，失去了发展和壮大的机会。此外，柏拉图失去了他最好的学生和潜在的接班人。

角色扮演是虚构的，但其中提到的一些元素是以历史事件为根据的。亚里士多德确实离开了学院，并在公元前335年创立了"莱塞姆"——一所反映他的思想、哲学学说和教学方法的教育机构。

2. 妥协——学院的改革

在第二种可能的结果中，柏拉图和亚里士多德达成了一项妥协协议，反映了他们的部分利益，也就是说，将会对学院的组织方式进行改革，但很可能并不是所有亚里士多德建议的改革都会得到实施。各种方案都是有可能的，这在很大程度上取决于各自的价值判断和谈判动态。

3. 创新、协作的解决方案

最后，柏拉图和亚里士多德也可以根据双方利益的差异，积极地寻找解决方案。他们继续一起在学院工作，帮助学院蓬勃发展。

2013年全球商务谈判挑战决赛中的谈判最后达成的结果就能反映这个方案。在该次谈判中，亚里士多德设想为年龄较小的学生（12~16岁）创建一个独立的部门，由他自己领导。部门每年招收约60名学生，每名学生可持续支付约40德拉克马的学费，优秀毕业生可以继续留在学院工作，而其他人可以在雅典从事他们的工作。

年长学生的教育仍将按目前的方式进行。柏拉图可以继续他一生的工作，新扩大的学院可以作为他对亚里士多德的特许。不需要妥协，双方都可以追求和实现自己的利益。

与本书之前的所有模拟不同，这个角色扮演中的一个关键挑战是没有对谈判问题进行明确说明。相反，谈判者本身需要在最初的互动中识别出谈判问题，这样有助于找出柏拉图和亚里士多德之间冲突的核心所在，也是他们在随后的讨论中解决冲突的关键。事实上，由于该角色扮演没有明确描述谈判问题，我们试图模拟现实谈判中会出现的常见场景，即首先需要确定问题，尽管有时会存在重叠混乱的情况，包括不同的立场、对过去事件的不同观点和不同的利益。

角色扮演中谈判者面临的第二个关键挑战是巨大的解决空间，既可以创造性地探索其极限，也可以在必要时尽早妥协，缩小范围。选择哪条道路将取决于谈判各方之间关系的发展，和对谈判动态的有效驾驭等关键因素。

四、国王马球（King Polo）

作者：雷米久什·斯莫林斯基

参赛队伍：2　准备时间：60分钟　谈判时间：60~90分钟　复杂程度：非常高

教学重点

准备，确定谈判问题，交流信息，了解共同利益，保留点，最佳替代方案，生成产生价值创造选项，价值索取，原则式谈判，建立关系，建立信任，客观标准，公平，整合式谈判。

简要描述

国王马球（King Polo）是一场由双方参与的、不可评分的整合式谈判角色扮演模拟案例，参与谈判的双方分别扮演的角色是全球甜食制造商和独立的冰岛进口商及批发商。多年以来，该批发商在国王马球商品的分销中享有垄断性的地位，并且其生产的巧克力皮威化饼极受欢迎，现在其销售额已经下降。此外，公布的配方和包装的变化可能对客户产生的影响，也让人十分焦虑。即将举行的合同续签会议是双方解决问题，讨论前进方向的最佳时机。

通用说明[①]

1995年，第一批国王马球品牌的食品从波兰运到冰岛，从此，它成为冰岛文化的一部分。这种巧克力美味伴随着孩子们长大，他们在学校里，野营旅行，或只是拜访祖父母时，都会享用这种点心。虽然冰岛人喜欢培养所有与自己文化相关的东西，但多年来外国食品如热狗、可口可乐和国王马球已经遍布各处并已融入了冰岛文化，现在它们几乎和当地的食物——发酵鲨鱼肉一样成为冰岛食物了。事实上，作为这种融合的证明，我们不难发现，整个冰岛的大众文化、文学以及政治经常引用这些食物。

国王马球在冰岛的历史始于波兰人对鲱鱼的热爱。在战后的中央计划经济下，为了保证这种受欢迎鱼类的库存充足，波兰共产主义者们需要一些创造力。最初，波兰政府联系了冰岛这个鲱鱼出口国，提供了一个简单的交易：用伏特加酒换鲱鱼。一开始，冰岛谈判代表们犹豫不决，但当波兰人将国王马球加入交换后，双方达成了合作。

[①] 该角色扮演的灵感来自：http://podroze.gazeta.pl/podroze/1, 114158, 15452911.html 中描述的真实事件。但是，它还包含许多为了教育目的加入的虚构元素。

这个贸易协议签订后近 30 年中，由于冰岛引进法律时存在漏洞，国王马球在冰岛享有垄断地位，成为市场上唯一的进口糖果产品。奥拉夫·阿斯博约森（Olaf Asbjørnsson）是奥拉夫·阿斯博约森私人有限公司的所有者兼首席执行官。该公司是一家中型批发商公司，主要专注于向冰岛进口品牌产品，也是国王马球的唯一进口商。看着销售额不断增长，奥拉夫·阿斯博约森简直不敢相信自己的眼睛。国王马球迅速征服了冰岛人的口味和心灵，融入了冰岛的文化，销售额持续上升。

事实上，在 20 世纪 70 年代，国王马球最受欢迎的时候，奥拉夫·阿斯博约森每年可以卖出近 600 万个国王马球，高达 300 吨。这意味着每个冰岛人平均每年消费大约 1 公斤的国王马球（远远多于其他出售国的公民，包括波兰、斯洛伐克、匈牙利、拉脱维亚、立陶宛和乌克兰）。

国王马球是一个金矿。几十年来，其销售额不断上升，几乎不需要进行营销投资。对于像奥拉夫·阿斯博约森这样的批发商来说，这是理想的状态。在这期间，该公司在冰岛经营着效率高且利润丰厚的国王马球业务。该公司拥有大约 40 名员工和 100 多种不同的产品组合，效率是成功的关键因素，推动着该公司业务模式的盈利能力。

国王马球进入冰岛市场 45 年后，该公司于 1995 年推出了第一个关于国王马球的大型广告活动。这对奥拉夫·阿斯博约森的盈利产生了重大影响，但是非常必要的，因为顾客对新的包装以及国王马球品质下降的问题进行了大量投诉。该活动成功消除了这一变化给财务带来的大部分负面影响。尽管如此，冰岛人依旧怀念旧包装，这么多年过去了，他们仍然想念"老国王马球"。

今年，据估计，奥拉夫·阿斯博约森销售了 140~160 吨国王马球（每年卖出近 300 万个国王马球或者说每人约消费 14 个国王马球）。此外，它在冰岛的品牌认知度仍然很高，与可口可乐相媲美，与积极的传统价值相关联。国王马球仍然是一个有利可图的业务，但黄金时代早已过去。自从1982年冰岛糖果市场向国际竞争开放以来，冰岛对国王马球的需求一直在不断下降。至2014年，其需求量仅为20世纪70年代的一半。

国王马球本身的历史也同样有趣。1955年，国王马球在波兰被推出。它是由1920年成立的波兰糖果公司艾莎SA（Elsa SA）生产的，该公司是一家巧克力工厂。一直以来，该公司尝试生产了各种类型的糖果产品，直到1950年，生产出国王马球，才取得突破性进展。国王马球在波兰的反响很好，很快成为该国最受欢迎的巧克力棒。

1993年，市场开放后不久，艾莎SA被雅各布斯AG（Jacobs AG）收购，后者在2012年进行了多次兼并、收购和名称变更，后成为蒙德雷克斯国际（Mondelex International）。今天，蒙德雷克斯国际已经是一家生产和经营糖果、食品和饮料的全球性企业。该公司的年收入约为360亿美元，在全球80多个国家拥有10万名员工。

多年来，奥拉夫·阿斯博约森与最终成为蒙德雷克斯国际的一系列公司之间的合作都非常成功。然而，目前双方都不满意冰岛的业务现状，都在寻求解决问题的措施。

国王马球制造商与冰岛批发商之间的分销合约将于年底到期。蒙德雷克斯国际的代表最近表示他们计划修改包装并调整配方。奥拉夫·阿斯博约森的管理层不满意这些计划。他们仍然记得1995年的会议，引入变革带来的长时间的危机应对，以及为了抵消负面影响而进行的巨大投资。双方愿意共同探讨，是否应该选择新的分销合同。

即将举行的蒙德雷克斯国际代表与奥拉夫·阿斯博约森代表之间的会议是讨论质量问题，商定新协议条款的绝好机会。

奥拉夫·阿斯博约森的秘密说明

你是奥拉夫·阿斯博约森私人有限公司的代表，该公司是冰岛主要的消费者品牌进口商和批发分销商之一。你代表的公司由奥拉夫·阿斯博约森（Olaf Asbjørnsson）于1937年创立。其战略是利用国家规模创建一个可盈利的商业模式。该模式建立的基础是从全球知名高档品牌获得冰岛独家进口和分销权。对于这些跨国公司来说，冰岛市场太小，不值得建立自己的本地业务，因此，许多公司接受了奥拉夫·阿斯博约森的提议，在不投入额外资源的情况下增加销售额。今天，奥拉夫·阿斯博约森拥有40名员工，达到近5000万欧元的收入，不同产品的毛利润率为20%到100%不等。

你代表的公司与蒙德雷克斯国际（国王马球制造商）之间当前的进口和分销合同将于年底到期，因此你将与该公司代表会面，讨论与续约有关的重要问题。但是，你也想试着提出关于合资企业的构想，并利用此机会与对方讨论与包装和配方变更计划相关的问题。在讨论所有这些问题时，基于与蒙德雷克斯国际建立的参与性和盈利性关系，你的主要目标是为公司在冰岛的国王马球未来业务的增长打下坚实的基础。具体而言，会议应重点关注以下问题：

一、即将进行的包装和配方变更

蒙德雷克斯国际计划对国王马球产品进行包装和配方的变更。你很高兴提前获悉此事，也非常担心，因为上次变更对你的业务造成了灾难性后果。1995年，根据1992年欧盟做出的规定，巧克力棒必须单独密封，因此蒙德雷克斯国际将原先国王马球的开放式包装设计更改为新的密封形式，同时将包装设计从传统的透明色改为闪亮的金色。不幸的是变化通知十分仓促，你没有时间进行充分准备。结果，看起来只是一个小小的变化，却遭到了客户如雪崩般的批评和投诉。

153

奥拉夫·阿斯博约森的总经理比约恩·古曼杜森（Björn Guðmundursson）仍然记得他们宣布变更的那一天。"这件事受到了极大关注，人们试图购买旧库存，这件事在冰岛造成的影响等同于可口可乐改变了配方，一切都变得疯狂。"他若有所思地说道，"一个人甚至打电话给我说：'接下来我们要干什么，把我们的国旗也换了？'我们还听到一些人说这样的话：'为什么要改变国王马球？'""就好像这些是我们能决定的一样！"他补充说道。

为了应对这一情况，国王马球的年度毛利都花光了①，奥拉夫·阿斯博约森以近100万欧元的广告活动作为应对，将国王马球的年销量稳定在140～160吨，之后的销量一直如此。从那时起，你的客户一再对国王马球的质量下降表示不满。由于受到这些投诉的困扰，管理层已向国王马球的品牌经理询问过该产品的配方是否已更改，他坚持说配方没有任何改变。显然，顾客认为质量下降的唯一客观依据是新的包装。

你非常担心重新设计包装和配方可能会严重损害你的国王马球业务。如果发生这些变化，你就需要进行紧密的营销活动来消除负面影响，这会带来经济负担。事实上，公司营销专家准备的模拟分析表明，为了应对这一变化带来的负面影响，将国王马球的收入保持在当前水平，你需要立即投入约50万欧元进行营销活动至年底。他们还预测，营销活动的投入预算与国王马球收入将呈线性关系。也就是说，营销预算减少10万欧元将导致国王马球的收入减少10%。如果不采取任何营销行动，国王马球的收入将减少50%，同时预计超过50万欧元以上的投入资金将不会有任何额外的正收入效应。

此外，由于资金捆绑在其他更好更紧迫的项目中，你甚至没有足够

---

① 通常，毛利是净销售额与销售成本之和。但就奥拉夫·阿斯博约森而言，它不包括营销和分销成本，而这些占收入的10%～20%。

的资金来开展这项营销活动,也不打算贷款。如果一定要做的话,你可以从其他项目里抽出20万欧元资金,但你并不想这样做。

除非你能说服蒙德雷克斯国际为你的营销活动提供财务援助,帮助你规避收入损失,否则你最好全力说服他们继续使用目前的包装,或者干脆恢复旧包装,绝对不能改变传统的国王马球配方。如果他们坚持变更计划,你就需要向他们说明可能带来的后果,要求他们为必要的营销对策提供资金。

二、新合同

日前,奥拉夫·阿斯博约森和蒙德雷克斯国际之间的分销合同非常简单。奥拉夫·阿斯博约森可以以每吨5000欧元的折扣批发价购买国王马球,并可独享国王马球在冰岛的进口和销售权。由于国王马球在冰岛非常受欢迎,其在当地的平均净批发价格超过每吨1万欧元,平均销售额近1.2万欧元,有时甚至达到1.4万欧元,冰岛的批发价格由奥拉夫·阿斯博约森全权决定。但是,奥拉夫·阿斯博约森必须承担所有的市场营销和分销费用,这笔费用为其收入的10%至20%不等。奥拉夫·阿斯博约森实施的所有营销活动都需要事先得到蒙德雷克斯国际的批准。

为了刺激国王马球在冰岛的销售增长,新合同的结构需要改变。你需要说服蒙德雷克斯国际,双方需要建立更紧密的合作关系。这包括蒙德雷克斯国际直接参与到你公司的运营中来,分担营销和分销费用。

更具体地说,你在即将到来的谈判中,需要解决的重要问题就是费用结构。你仍然想以约5000欧元的折扣批发价购入国王马球。但是,你希望蒙德雷克斯国际通过向你支付分销费用,尽可能地间接补贴你的营销和分销费用。支付分销费用是饮料行业的常见做法,但其数额因交易双方的相对实力而差异巨大。对你而言,奥拉夫·阿斯博约森的管理层希望此分销费用完全用于国王马球的营销活动，从而刺激其销售增长。由于双方都希望国王马球的销售量能够增长，这一措施不仅公平，而且长期有效。此外，你还希望获得基于销售额的浮动奖金。总之，你从蒙德雷克斯国际获得的预期付款（例如，分销费、绩效奖金等）越多，就有更多的资源来推动国王马球在冰岛的业务增长。

然而，仅就这些改变进行成功谈判，可能并不足以扭转国王马球在冰岛的销售情况。它已经成为冰岛文化的一部分，并且，几十年来一直是一项大业务。由于冰岛糖果市场向外国产品的开放，加上奥拉夫·阿斯博约森开展的营销活动非常有限，导致了国王马球的业务逐渐下滑，不可能重新获得20世纪70年代那样的市场地位了。

但是你方专家一致认为实现销售增长是一定可以的。他们推荐了几种方案，如果将这些方案也加入新合同，就可以推动销售增长。本着与蒙德雷克斯国际建立更加具有参与性和盈利性关系的精神，以下这些应该成为本次会议中与他们谈判的目标：

● 本地化包装——传统在冰岛起着至关重要的作用，似乎比在其他销售国王马球的国家重要得多。如果可以在包装设计中体现传统，顾客会很喜欢。如果国王马球的新包装能够反映传统设计，那将十分完美。但至少要保留当前的包装设计，这是次佳的选择。你必须避免再次完全改变包装设计的情况发生。你明白其他销售国王马球国家的顾客当然有着不同的期望和需求，所以你想要探讨是否有定制包装的可能性。也许甚至可以在冰岛建设本地包装设施。事实上，建设本地包装设施是你最想要达成的目标，尤其在你知道定制包装将使收入增加10%的情况下。但是，由于这项工程需要花费约300万欧元，所以只有蒙德雷克斯国际为其提供主要资金，才有可能实现。

● 与可口可乐合作——可口可乐的软饮通常与热狗或其他简餐以及

国王马球一起出售。这些组合在冰岛非常普遍，在最近与可口可乐的当地代表进行颇有前景的会议之后，你正在计划通过发起一系列联合营销活动来加强这种关系。据你估计，这些联合活动可能会使国王马球的收入在合作期间至少增加20%。然而，你听闻可口可乐和蒙德雷克斯国际的高管之间关系不好。因此，你预计将与国王马球的品牌管理层进行一场相当艰难的对话。尽管如此，你确信这种合作关系对于国王马球来说是一个巨大的发展机会，如果现在有资金，你会毫不犹豫地每年投入20万欧元进联合项目。你可以推迟到明年才开始这种合作关系，并从运营现金流中为其融资。然而，你担心在此期间可口可乐会与内斯蒂（Nesty）签订合约，与他们的坐立猫猫（SitCat）糖果开展类似的活动，坐立猫猫糖果是国王马球在冰岛的主要竞争对手。因此，你不仅想蒙德雷克斯国际同意你与可口可乐进行合作，同时还希望说服他们至少第一年支付联合活动的全部费用，然后在未来几年支付25%的资金。否则你需要重新调整其他正在进行的项目的优先顺序，这是你想避免的。

● 定期的营销活动——坐立猫猫糖果越来越受欢迎的背后秘密是它的定期营销活动。自从20世纪80年代进入冰岛市场以来，其市场份额逐渐增加，几乎赶上了国王马球。你方专家建议，如果可以进行定期的广告活动来支持国王马球的促销活动，销售和市场份额将得到改善和维持。具体而言，年度广告预算与其对销售额的影响之间的关系为正相关的线性关系，该预算范围为30万欧元至50万欧元之间。也就是说，低于30万欧元的资金投入将没有效果。30万欧元的资金投入将使销售额增加30%，而50万欧元将使销售额增加50%。投入资金超过50万欧元时，收益将会迅速递减，并且不会产生额外增加。理想情况下，你希望蒙德雷克斯国际以分销费用的方式完全支付这些营销活动的费用。这可以抵消营销成本对你方利润的影响。今年，为了应对蒙德雷克斯国际即将宣布的任何产品的变更计划，你可能会非常忙碌，希望明年开始这些定期营销活动。

三、合资企业

除了这些问题之外，为了国王马球的销售，你还想与蒙德雷克斯国际成立合资企业，以此来加强双方的业务关系。这需要结合你对其优质产品的当地市场的了解以及商业知识和财务支持。重要的是，这也将使得其他蒙德雷克斯国际产品未来能更容易进入冰岛市场。你估计这家公司的初始启动资金应该是500万欧元。蒙德雷克斯国际应该承担80%的资金投入，奥拉夫·阿斯博约森承担剩余的20%。这笔资金将有助于国王马球公司充分发挥在冰岛的销售潜力，因为这笔资金可以用来进行销售增加项目，例如建设价值300万欧元的本地产品包装设施以及进行重要的营销活动。你可以接受在资金的确切分配方面有一定的灵活性，但你希望绝大部分资金由蒙德雷克斯国际来承担。

这家合资企业将由来自奥拉夫·阿斯博约森的销售人员和总经理以及来自蒙德雷克斯国际的高级市场主管组成。利润可以再投资到核心业务中，也可以由双方平均分配。如果蒙德雷克斯国际不接受这些条件或类似的条件，你也可以继续与他们保持商业（非股权）合作关系。

对于即将到来的合同谈判，你的主要目标是为国王马球在冰岛的业务能够持续盈利性的增长奠定基础。你有权决定并对任何你认为对贵公司有利的解决方案做出承诺。请明智地进行谈判。

祝你好运！

蒙德雷克斯国际的秘密说明

你是蒙德雷克斯国际的代表，蒙德雷克斯国际是全球糖果、食品和饮料行业的巨头，经营着包括饼干、巧克力和糖果在内的知名小吃品牌。蒙德雷克斯国际在80多个国家拥有超过10万名员工，净收入达到40亿美元，年收入约为360亿美元。

你代表的公司与冰岛的国王马球的独家进口商和分销商奥拉夫·阿斯博约森之间的分销合约将于年底到期。在即将到来的续约谈判中，你的主要目标是为国王马球在冰岛的业务增长打下坚实的基础，但必须建立在与奥拉夫·阿斯博约森的公平的盈利关系之上。你预计会议将讨论以下问题：

一、即将进行的包装和配方更改

蒙德雷克斯国际正计划更改国王马球产品的包装和配方。在对国王马球的重要市场波兰，进行了一系列全面的市场调查之后，你意识到导致竞争对手获得市场份额的两个主要原因是，国王马球的巧克力外壳比竞争对手要薄，还有现在许多客户都认为其包装过于华丽和夸张。通过设计新包装来解决这个问题相当简单，你很快就想出了既现代而又友好的替代方案，同时还保留了旧包装的主要元素。然而，开发新配方一直是一项耗时且耗费资源的工作，特别是新型国王马球的成本不能超过当前版本。你确信你的解决方案将对业务产生非常积极的影响。对典型顾客的市场测试表明，顾客喜欢它，并且你希望在不提高价格的情况下，将毛利润率提高10个百分点，达到近60%。

你打算通过强有力的营销活动来支持新包装和新配方的推出。你已经为此项计划预留了300万欧元，最初计划仅在波兰进行投资，但也正在考虑将其用于任何有此需求的国际合作伙伴。但是，你提供的任何支持都要以类似于其收入分配的比例分别承担资金，并且在任何情况下支持资金超过20万欧元。

第一次产品改进的效果十分不错，你十分激动，希望这次产品改进能够获得成功。上次产品改变发生在1995年，欧盟于1992年出台法规，规定巧克力棒必须单独密封包装。为了达到这个标准，蒙德雷克斯国际将传统的开放式国王马球包装设计改为新的密封形式，同时将设计从传统的柔和色彩改为闪亮的金色设计。这一改变几乎在所有国王马球出售的国家都得到了很好的反响。事实上，新设计推出后的市场调查显示，顾客认为国王马球是现代、优雅、高档的小吃。这正是品牌管理团队的意图，他们认为这一改变取得了巨大成功。

唯一的例外是冰岛。在那里，这一变化受到了客户大量的批评和投诉，这给冰岛分销商奥拉夫·阿斯博约森的收入造成了灾难性的后果。不幸的是，这可能是蒙德雷克斯国际造成的，重新设计包装的混乱中，奥拉夫·阿斯博约森并没有得到通知。的确，他们对此很不高兴。为了应对这种情况，他们还进行了一场大规模的营销活动，以平息批评的声音，该活动耗资巨大。这项活动成功地将销售量稳定在每年140~160吨的水平，此后一直保持着这一水平。从那以后，冰岛顾客一再对国王马球的质量下降表示不满。奥拉夫·阿斯博约森的管理层受到这些投诉的困扰，询问你是否改变了国王马球的配方。你向合作伙伴保证，他们销售的仍然是与1955年完全相同的产品。显然，顾客认为质量下降的唯一客观依据是新包装。

在此背景下，你非常担心这一次的包装设计更改加上新配方可能会对国王马球在冰岛的业务产生负面影响。为了帮助降低这种风险，这次你在计划变更之前通知了奥拉夫·阿斯博约森。此外，你决心为其提供支持，帮助他们在冰岛高效地推出新的国王马球，包括他们需要的任何财政支持，只要这种支持是合理且必要的。

二、新合同

奥拉夫·阿斯博约森和蒙德雷克斯国际之间的分销合同非常简单。奥拉夫·阿斯博约森可以以每吨5000欧元的折扣批发价购买国王马球，

第三章　掌握四种谈判类型

并可独享国王马球在冰岛的进口和销售权。由于国王马球在冰岛非常受欢迎，据估计，其在当地的净平均批发价为1.2万欧元或更高，在冰岛的批发价格由奥拉夫·阿斯博约森自行决定。但是，奥拉夫·阿斯博约森必须承担所有市场营销和分销费用。所有由奥拉夫·阿斯博约森实施的营销活动都需要事先得到蒙德雷克斯国际的批准。

为了更好地刺激国王马球在冰岛的销售增长，并与分销商建立更加公平的合作关系，新合同的结构需要改变。你要说服奥拉夫·阿斯博约森，双方需要建立更紧密的合作关系。更具体地说，你在即将到来的谈判中要解决的最重要的问题是资金结构。多年来，你一直容忍着这样一个事实：奥拉夫·阿斯博约森可能在国王马球的冰岛业务中赚取了比你这个制造商更高的利润。现在是时候改变这种不平等了。为此，你计划将新合同建立在共享毛利①模式的基础上。你销售的商品的成本约占销售额的50%，但你估计目前你的毛利润还不到奥拉夫·阿斯博约森的一半。对你而言，关键是奥拉夫·阿斯博约森的毛利润不能明显超过你方的。为了平衡这一点，你估计需要获得奥拉夫·阿斯博约森毛利润的30%左右。如果他们同意这种利润分享模式，你反过来准备承担他们的部分营销和分销成本。此外，如果可能的话，你还希望获得固定的授权金，因为你分享了销售和营销的专业知识。蒙德雷克斯国际管理层认为，这种协议组合不仅公平，可以长时间实行，而且还表明了你方愿意承担费用来帮助推动国王马球在冰岛的销售增长。

在这方面，你真心希望这些谈判能够顺利进行。国王马球在冰岛文化中已经根深蒂固，让蒙德雷克斯国际十分自豪。几十年来，国王马球出口到冰岛的收入一直是核心市场波兰之外的一份很好的额外收入。事

---

① 通常，毛利是净销售额与销售成本之和。但就奥拉夫·阿斯博约森而言，它不包括营销和分销成本，而这些占收入的10%~20%。

实上，这一成功对你而言几乎毫不费力。奥拉夫·阿斯博约森是非常可靠的贸易伙伴，支付行为良好。你所要做的就是生产国王马球，将其运到冰岛，并开具发票。这可能就是你们双方之间现在的合同从未改变的原因。由于冰岛糖果市场向外国产品开放，加上奥拉夫·阿斯博约森开展的营销活动非常有限，导致国王马球在冰岛的业务逐渐衰落。此外，国王马球在冰岛取得了巨大成功，但是冰岛国王马球的销售份额在整个国王马球业务中从未超过5%，最近在2%~3%波动。由于国王马球在冰岛的销售没有实现其全部潜力，你们必须采取一些行动了。

你方专家认为，重新获得20世纪70年代的市场地位是不可能的，但实现稳健的销售增长是可能的。因此，除了解决上述问题之外，他们还提出了其他一些关于增长销售的建议，本次会议还应该讨论这些，当然都是本着与奥拉夫·阿斯博约森建立更加积极和有利关系的精神提出的：

• 本地化包装——奥拉夫·阿斯博约森不断告诉你，传统在冰岛扮演着十分重要的角色。确实，这似乎比在其他国王马球的市场重要得多。你的合作伙伴建议，如果将这些价值体现在包装设计中，顾客会很喜欢。他们表示，如果你可以再次使用国王马球的旧包装或至少确保新设计看起来与旧设计相似，那将是理想的选择。不幸的是，你目前无法在制造过程中进行本地化的包装设计。你完全理解不同国王马球市场的顾客可能会有不同的偏好，因此在冰岛建立当地包装设施以满足这种需求也许是可行的。你知道这样的本地定制化包装可能会使国王马球在冰岛的收入增加10%左右，但你从未这样做过，因为安装这种设备的新机器要花费约300万欧元。

你公司旧生产线的生产包装最近因为效率太低，不能满足当前的生产规模而被替换掉了，也卖不出去，因此可以选择运往冰岛，并部分用于营销和分销成本，以符合奥拉夫·阿斯博约森顾客的偏好。这样做还可以为你节省约 2 万欧元的机器处理费用。

• 与可口可乐合作——可口可乐的软饮通常与热狗或其他简餐以及国王马球一起出售。这些组合在冰岛非常普遍，奥拉夫·阿斯博约森最近告诉你，在与可口可乐的当地代表进行颇有前景的会议之后，他们计划通过实行一系列联合营销活动来加强这种关系。最初，可口可乐和蒙德雷克斯国际的高层并不把彼此当朋友，你对此感到不悦。在冰岛国王马球与可口可乐一起销售是非常普遍的事情，所以你可以想到这种伙伴关系可能会是一个刺激销售增长的良机。事实上，你估计这可能会使国王马球的收入持续增长至少 20%。不幸的是，你几乎可以肯定，公司每年需要投入 20 万欧元到与可口可乐的合作项目中去，这笔资金将绝对不会获得内部批准。因此，你只能鼓励奥拉夫·阿斯博约森单独把握这一机会，并从自己的经营现金流或其他来源来为其提供资金。

• 定期的营销活动——国王马球在冰岛的主要竞争对手坐立猫猫糖果越来越受欢迎的秘密是它的定期营销活动。自从 20 世纪 80 年代进入冰岛市场以来，其市场份额逐渐增加，几乎赶上了国王马球。

你方专家建议，如果可以通过定期的广告活动来支持国王马球的促销活动，销售和市场份额将得到改善和维持。根据他们的分析，年度广告预算与其对销售额的影响之间的关系为正相关的线性关系，该预算介于 30 万欧元至 50 万欧元之间。也就是说，低于 30 万欧元的资金投入将没有效果。30 万欧元的资金投入将使销售额增加 30%，而 50 万欧元的资金投入将使销售额增加 50%。资金投入超过 50 万欧元，不会产生超过 50% 的额外销售额。事实上，如果奥拉夫·阿斯博约森同意采用利润分享的合作模式，那么你十分乐意承担部分营销成本。由于奥拉夫·阿斯博约森控制着冰岛的所有营销活动，而且你扮演的角色有限，因此，你希望他们承担更多的成本费用。你的投入越少，盈利就越多。如果双方达成协议，你希望明年开始这些定期营销活动。为了应对即将到来的产品变更，你今年可能非常忙碌。

三、合资企业

在此次会议之前，奥拉夫·阿斯博约森也表达了他们的意愿，希望能够进一步扩展双方的业务关系，最终成立一家独立的国王马球合资企业。这将把他们对当地市场的了解和你们的优质产品及资金支持结合起来，这也必定使得其他蒙德雷克斯国际产品未来更容易进入冰岛市场。这家公司的初始启动资金应该是500万欧元。奥拉夫·阿斯博约森应该承担80%的资金投入，蒙德雷克斯国际承担剩余的20%。这笔资金可以用来实行促进销售的项目，将有助于国王马球在冰岛实现其全部销售潜力。例如，安装价值300万欧元的本地产品包装设施以及进行重要的营销活动。你可以接受在资金的确切分配方面有一定的变化，但希望由奥拉夫·阿斯博约森来承担绝大部分资金。

这家合资企业将由来自奥拉夫·阿斯博约森的销售人员以及来自蒙德雷克斯国际的总经理和高级市场主管组成。利润应重新投入核心业务中去。冰岛是一个相当小的市场，如果奥拉夫·阿斯博约森不能接受这些或类似的条件，你也可以继续与他们保持商业（非合资）合作关系。

对于即将到来的合同谈判，你的主要目标是为国王马球在冰岛的业务能够持续盈利性的增长创造基础。你有权决定并对任何你认为对贵公司有利的解决方案做出承诺。请明智地进行谈判。

祝你好运！

总结报告

国王马球是为2014年全球商务谈判挑战赛而撰写的不可评分的综

合性谈判角色扮演模拟案例，它用于波恩大学与华沙经济学院之间的决赛。国王马球适用于原则式谈判，这个概念由罗杰·费舍尔（Roger Fisher）、威廉·尤里（William Ury）和布鲁斯·巴顿（Bruce Patton）在《达成一致：1981年的不让步的谈判协议》这本书中提出。

国王马球本身是一种自1955年以来一直在波兰制造的巧克力皮华夫饼。此次谈判的双方是蒙德雷克斯国际（国王马球的现有制造商）和奥拉夫·阿斯博约森私人有限公司（蒙德雷克斯在冰岛的进口商和分销商），谈判的重点是决定他们之间未来合作的具体条件。

奥拉夫·阿斯博约森进行的国王马球业务非常简单。他们以每吨5000欧元的折扣批发价从蒙德雷克斯国际购买国王马球。作为国王马球在冰岛的独家进口商和分销商，他们以每吨超过1万欧元的平均批发价在当地转售国王马球，平均销售额接近1.2万欧元，有时甚至达到1.4万欧元。奥拉夫·阿斯博约森目前每年销售量约为140~160吨，年收入达到140万~160万欧元。然而，奥拉夫·阿斯博约森还负责本地市场的营销和分销，这些营销和分销产生的费用占其收入的10%至20%不等。目前这些费用由奥拉夫·阿斯博约森独自承担。尽管如此，在冰岛销售国王马球是一项非常赚钱的生意，经销商的毛利润可达到42万至64万欧元。

双方在谈判中需要关注的主要问题是：

①即将进行的包装和配方变化及其带来的潜在后果

为了提高国王马球在其主要市场波兰的竞争地位，蒙德雷克斯国际正计划改变其配方，重新设计产品包装。在此之前，他们已经做过了全面的市场调查和客户测试。蒙德雷克斯国际预计，在不提高价格的情况下，国王马球的毛利率可提高10%，达到近60%。他们还预留了高达20万欧元的营销预算，这些预算将用于如何让冰岛顾客更好地接受这些改变。

奥拉夫·阿斯博约森不想改变传统的国王马球配方,强烈希望恢复旧包装或保留现有包装。如果包装发生改变的话,他们预计会出现另一波客户投诉,这将产生一定的负面业务影响,就像蒙德雷克斯国际在20世纪90年代引入类似变化时那样。

②确定奥拉夫·阿斯博约森和蒙德雷克斯国际之间新合同的条件

由于各种原因,双方都有兴趣重新确定其分销协议的条件。作为生产商,蒙德雷克斯国际希望更多地参与到激发国王马球在冰岛的销售潜力中去。反过来,奥拉夫·阿斯博约森也希望与蒙德雷克斯国际进行更密切的合作,推动国王马球的销售,同时也希望他们能够承担一部分营销费用。这个问题的主要讨论点集中在以下几个方面:

- 本地化包装

奥拉夫·阿斯博约森希望使用传统的国王马球包装,而蒙德雷克斯国际想要再次改变包装。由于冰岛是一个小市场,双方的想法都各有利弊。

- 与可口可乐合作

奥拉夫·阿斯博约森有机会与可口可乐在冰岛进行一系列的联合营销活动。这是创造额外销售额的绝佳机会,但需要额外的营销预算。奥拉夫·阿斯博约森目前没有足够的资金来支持这一活动,希望能够得到蒙德雷克斯国际的理解和支持。

- 定期的营销活动

定期的营销活动是必要的,它能稳固国王马球在冰岛的竞争地位,确保其能在与坐立猫猫糖果等强劲竞争对手的竞争中保住市场份额。这种营销活动可以带来一定的积极影响,影响的程度仅取决于双方可以投入的预算。

③合资企业

双方还可以设想，超越目前的商业合作关系，向以股权为基础的合作伙伴关系发展，成立合资企业。成立合资企业对于扩大双方现有业务的关系有一定的促进作用，但成立之前，双方还需要就多个问题达成一致。这些问题包括股权分割、管理层结构、人员配置、成本投入和利润共享。

对于奥拉夫·阿斯博约森一方，他们的主要目标是为国王马球在冰岛的业务发展打下坚实的基础，该业务建立在与蒙德雷克斯国际的参与性和盈利性的关系之上。他们希望以约5000欧元的折扣批发价购入国王马球，并希望蒙德雷克斯国际以分销费和销售业绩分红的形式尽可能地补贴营销和分销的成本费用。

奥拉夫·阿斯博约森强烈希望重新使用国王马球的传统包装，不改变其传统配方。如果蒙德雷克斯国际坚持这些变化，那么就必须制定一套营销对策。营销专家建议，为了应对这些变化所带来的负面影响，将销售收入保持在当前水平，他们需要投入约50万欧元进行营销活动。据估计，营销活动投入预算与国王马球收入之间的关系是线性的，也就是说，将这项活动的营销预算减少10万欧元将导致国王马球的收入减少10%。如果不采取任何营销行动，这将导致其收入减少50%。必要的话，奥拉夫·阿斯博约森可以从其他项目里抽出20万欧元资金，但他们并不想这样做。

关于包装的本地化，按照优先顺序，奥拉夫·阿斯博约森希望蒙德雷克斯国际可以恢复国王马球旧的传统包装，或者保持现有包装，如果一定要改的话，必须确保新设计看起来与旧的类似。他们还想说服蒙德雷克斯国际通过在冰岛投入专门的包装设施，来为冰岛市场生产定制包装。据估计，当地包装设施成本将达到300万欧元，预计可以使收入增长10%。然而，奥拉夫·阿斯博约森没有资源来资助这项投资，希望蒙德雷克斯国际能够为其提供资金。

奥拉夫·阿斯博约森认为与可口可乐的合作是一个可以极大地促进销售增长的机会。他要求在联合项目中每年投资20万欧元，并且在合作期间每年至少增加20%的收入。奥拉夫·阿斯博约森可以推迟到明年再开始这项合作，并且从运营现金流中为其提供资金，但同时也面临着被内斯蒂的坐立猫猫糖果抢走合作机会的风险。因此，奥拉夫·阿斯博约森希望蒙德雷克斯国际至少在第一年完全支付其费用，然后在未来几年支付至少25%的资金。否则，他们将不得不重新调整正在进行的项目的优先顺序，这种情况是他们不希望发生的。

奥拉夫·阿斯博约森的专家声称，要重新获得国王马球失去的部分市场份额，除了上述措施之外，他们还需要进行定期营销活动。根据他们的分析，这种营销活动的预算与收入的增长之间呈线性关系。30万~50万欧元的投入将分别使收入增加30%~50%。奥拉夫·阿斯博约森希望蒙德雷克斯国际以分销费的方式来资助这些活动。

奥拉夫·阿斯博约森想通过组建合资企业来扩大其与蒙德雷克斯国际的业务关系。这家公司的初始启动资金应该是500万欧元，蒙德雷克斯国际应该承担80%的资金投入，奥拉夫·阿斯博约森则承担20%的资金投入。这笔资金可以用来建立当地的包装设备（300万欧元）和投资所需的营销活动。奥拉夫·阿斯博约森可以接受在资金的具体分配方面有一定的变化，但希望由蒙德雷克斯国际来承担绝大部分资金。这家合资企业的人员将由来自奥拉夫·阿斯博约森的销售人员和总经理以及来自蒙德雷克斯国际的高级市场主管组成。所得利润可以再投资到核心业务中，也可以由双方平均分配。如果蒙德雷克斯国际不接受这些或类似的条件，那么奥拉夫·阿斯博约森也愿意继续与他们保持商业（非合资）合作关系。

对于蒙德雷克斯国际一方，他们的主要目标也是通过与奥拉夫·阿斯博约森建立公平和盈利的合作关系，为国王马球在冰岛的业务发展打下坚实的基础。据估计，国王马球在冰岛的平均批发价为1.2万欧元，甚至更高。奥拉夫·阿斯博约森可以以每吨5000欧元的折扣批发价格购入国王马球，其销售成本约占销售额的50%。国王马球在冰岛的销售十分成功，但其在整个国王马球业务的销售份额中所占比例从未超过5%，近期在2%~3%波动。

蒙德雷克斯国际打算通过营销活动来支持新包装和新配方的推出，并为此预留了300万欧元，其中对冰岛的投资不得超过20万欧元。

在即将到来的谈判中最重要的问题是资金结构。据蒙德雷克斯国际估计，他们的毛利润甚至不到奥拉夫·阿斯博约森的一半。因此，他们计划将新合同建立在共享毛利润模式的基础上，要求获得奥拉夫·阿斯博约森毛利润的30%左右。如果奥拉夫·阿斯博约森同意这种利润分享模式，蒙德雷克斯国际将承担一部分营销和分销成本费用。此外，蒙德雷克斯国际还希望获得分享销售和营销知识的授权金。

关于本地化包装，由于当前制造过程的限制，蒙德雷克斯国际没有能力针对不同市场生产不同的包装。他们也意识到在冰岛投入当地包装设施是有必要的。事实上，蒙德雷克斯国际生产线的包装生产最近已被替换掉。他们不太可能会将其出售给其他人，因此蒙德雷克斯国际可以选择将其运往冰岛。这样做还可以为他们节省约2万欧元的机器处理费用。一台类似的新机器可能花费约300万欧元，而本地化包装预期可以使收入增长约10%。

与可口可乐合作可能是一个促进销售增长的良机，但蒙德雷克斯国际不同意每年投资20万欧元与其进行合作。由于这一伙伴关系估计可能会使收入持续增长至少20%，蒙德雷克斯国际决定鼓励奥拉夫·阿斯博约森把握这一机会，并从他们自己的经营现金流或其他来源来为其提供资金。

蒙德雷克斯国际专家认为，定期举办营销活动对于国王马球重新获得部分市场份额是必要的。据分析，营销活动的投入预算与收入的增长之间存在着线性关系。预算为30万~50万欧元将使收入分别增加30%~50%。如果奥拉夫·阿斯博约森同意分享毛利润，蒙德雷克斯国际将考虑资助其营销活动。但是，他们必须在"这些活动的投入越小，利润就越高"的观点上达成一致。尽管如此，对蒙德雷克斯国际来说，协议的公平性与经济的合理性是十分重要的。

奥拉夫·阿斯博约森表示希望通过组建合资企业来扩大当前双方的业务关系。据估计，该公司的初始启动资金应该是500万欧元，奥拉夫·阿斯博约森应该承担80%的资金投入，蒙德雷克斯国际则承担20%的资金投入。这些资金可以用来安装价值300万欧元的本地产品包装设施以及进行必要的营销活动。蒙德雷克斯国际可以接受在资金的分配方面有一定的变化，但希望由奥拉夫·阿斯博约森来承担绝大部分资金。该合资企业的人员将由来自奥拉夫·阿斯博约森的销售人员以及来自蒙德雷克斯国际的总经理和高级市场主管组成。所得利润应重新投入到核心业务中去。如果奥拉夫·阿斯博约森不能接受这些或类似的条件，那么蒙德雷克斯国际也愿意继续与他们保持商业（非合资）合作关系。

一般而言，根据谈判者对彼此利益的认知能力以及采用必要的谈判技巧，谈判可能会达成以下结果：

1. 协作解决

双方共同的潜在利益是以他们认为公平和可持续的方式定义各自对

各种增长机会的贡献,从而发展他们在冰岛的国王马球业务。奥拉夫·阿斯博约森需要蒙德雷克斯国际的帮助及其资源,来重新使国王马球在冰岛市场实现其全部销售潜力,从而获得成功。只要以其认为公平的方式分享所得利润,蒙德雷克斯国际就愿意提供帮助。

如果双方分享机密信息,他们将很快意识到,可以使用蒙德雷克斯国际的旧包装机来定制专门针对冰岛客户口味的包装,否则他们将需要支付2万欧元的成本来回收这台机器。在这种情况下,无须花费50万欧元用于营销,利用本地化方案就将产生10%的收入增长。

可用预算的增加可用于可口可乐合作伙伴关系和(或)定期营销活动,这将分别推动20%和50%的额外收入增长。如果谈判者把握住这些机会,他们可以只花费70万欧元的成本,就使收入增加130万至150万欧元。

然而,只有在公平分配国王马球的利润的情况下,蒙德雷克斯国际才愿意对这些活动进行投入。他们实在不能接受收入少于经销商毛利润的一半。在这方面,谈判者可以灵活处理,就他们认为公平的成本分摊和公平的利润参与达成一致。根据对这一潜力的充分挖掘程度,25%~30%的利润再分配将使他们在冰岛的国王马球所占的利润份额得到平衡。无论如何,平等分配只是其中一种选择,但不一定是最好的选择。

当然,奥拉夫·阿斯博约森和蒙德雷克斯国际也可以加强合作关系,并组建合资企业。这对维持关系并不重要,但20%~30%的谈判者最终选择了合资企业作为协议的一部分。双方的期望几乎相反,所以只有那些与谈判伙伴建立了牢固和可持续关系的谈判者才能将这一问题纳入协议中。这样做并不能带来明显的经济优势,但它确实明确表达了双方打算制定长期可持续协议的意愿。

2. 竞争的结果

要拓展国王马球在冰岛的业务，需要双方都做出贡献。做出的贡献越少，对己方而言就越有利。这在谈判者之间造成了一种竞争性的紧张关系，可能将注意力从创造价值转移到索取利益。这种动态造成的后果就是，通常会无法发掘一些创造价值的潜能。

竞争可能带来的结果有很多，这些结果包括改变配方和包装，实行不必要的营销对策，做出不理想的总营销预算，不与可口可乐建立合作伙伴关系，或在冰岛建立一个完全不需要新包装的合资企业。

追求各自的利益和价值的最大份额往往会导致不理想的结果，即分得的份额变大了而蛋糕变小了，这都是目光短浅的表现。

3. 没有达成协议

双方之间的分歧以及由此产生的竞争紧张有时会升级为双方之间的冲突。让对方相信己方论点的优越性，满足己方的要求和期望只会加剧辩论，使对方更加情绪化，并将注意力从寻求理解和解决问题转移到讨价还价上，这往往导致双方无法达成一致意见。在基于此模拟的谈判中，10%~20%的谈判者要么中断谈判，要么在指定时间结束前未能达成协议。

双方未能达成协议会造成两败俱伤的后果。这意味着，在最好的情况下，蒙德雷克斯国际改变了其配方和包装，奥拉夫·阿斯博约森凭借其有限的资源既无法抵消对国王马球业务的负面影响，也无法提高其竞争地位。这会导致国王马球被内斯蒂的坐立猫猫糖果抢走更多的市场份额，因为内斯蒂与可口可乐的合作关系加强了坐立猫猫的市场份额。在最坏的情况下，蒙德雷克斯国际受够了这种情况，从奥拉夫·阿斯博约森那里收回了经营许可证，并打算寻求其他方式在冰岛分销其产品。

此角色扮演的关键挑战是解决方案的空间很大，做出决定的自由度很高。因此，为了达成一项能充分挖掘谈判价值潜力的全面协议，谈判者需要将精力集中在建立与彼此的高质量合作关系方面，运用各自的技能解决多个复杂的问题。即使对资深的谈判者来说，这也是一个挑战。在 2014 年全球商务谈判挑战赛的最终谈判期间，谈判团队最终没能在规定时间内达成协议。双方表现出高度竞争的谈判风格，即使有更多的时间，也不太可能达成合作解决方案。

第四节　多方谈判

优秀团队中的每个成员都应该是优秀的，谈判中尤其如此，所以在至少一轮的谈判挑战中，我们将参赛队拆分，让来自不同团队的参赛者重新组合进行三方谈判。

三方谈判的代表通常追求的利益不同，拥有的资源或资产不同，因此拥有不同的谈判权力。为了确保比赛的公平性，每个队的参赛者，例如团队成员 1，2，3 被分别分成三个角色（例如角色 A、B 和 C），并且每个人会参与不同的三方谈判（例如，1A 与 2B 和 3C）。决定谁是 A、谁是 B、谁是 C 的规则通常非常简单实用，一般由组员的年龄或姓名字母顺序决定。

多方谈判是谈判中唯一需要参赛者独自完成准备工作的回合。由于秘密说明的内容至关重要，我们还限制同一团队成员之间进行任何沟通。

与前几章中描述的谈判类型的概述和保密说明不同，多方谈判回合的说明相当简短明了。这轮谈判的复杂性源于谈判机制以及给双方关系带来的结果。三方都涉及价值创造以及价值索取，在这种新建组合群，联盟既可能建立也可能破裂。此外，这也是谈判挑战赛期间最让人情绪化（既有正面情绪也有负面情绪）的一轮。

在比赛早期，我们观察到谈判中有两方完全排斥第三方，或者大大减少分配给第三方的价值份额。比赛期间这种结果是符合规定的，此时，往往会导致第三方强烈的情绪反应，在参与者之间造成不必要的，破坏性的紧张气氛。因此，我们现在试图减小明确排除的可能性，同时给予谈判者充分的自由去决定其谈判的结果。

在多方谈判期间，我们有多达18个谈判队伍同时进行，只根据谈判的实质性结果来衡量谈判者的表现。具体而言，参赛队伍的最终排名是各队成员获得的个人排名的总和。根据三方谈判达成的协议，我们对每方的谈判人员（例如1A，2A和3A）的谈判结果进行比较。每队每个人得到指示说明和相同的谈判立场。基于这些结果，我们对角色A进行排名，并对角色B和角色C进行类似的处理。最后，对每个团队成员的排名计分，并将它们累加在一起，例如，1A分数+1B分数+1C分数，每支队伍的得分总和决定了其本轮的表现。

在每个角色扮演谈判后的总结报告中，我们加入了之前比赛的真实结果，供读者对谈判结果与世界上最优秀学生谈判人员的谈判结果进行比较。

一、施马拉卡尔迪克之战（Schmalkaldic War）

作者：雷米久什·斯莫林斯基

谈判方数量：2　准备时间：30分钟　谈判时间：60分钟　复杂程度：中级

教学重点

信息交流，理解共同利益，保留点，多边谈判中的关系构建，联盟构建，多边谈判中的价值索取策略，信任创造，客观标准，公平，多方谈判。

简要描述

施马拉卡尔迪克之战是在16世纪宗教改革开始后的动荡时期内进行的三方谈判案例。面对施马拉卡尔迪克之战的军事暴动，神圣罗马帝国皇帝查理五世（Charles V）与教皇保罗三世（Paul Ⅲ）和萨克森州莫里茨（Moritz）公爵举行了会晤，商讨组建军事联盟以消除这一威胁，并就各方军事行动达成一致。由于资源有限，他们需要进行精明的谈判，以确保他们有一个足够强大的联盟来赢得胜利，并且不至于掏空各自的国库。

通用说明

1517年，当马丁·路德（Martin luther）的《九十五条论纲》钉在维滕贝格城堡的教堂门上时，几乎无人预知，一个人的勇敢之举会迅速使以天主教为主的欧洲宗教社会结构土崩瓦解，并引发席卷整个神圣罗马帝国的大型流血事件和战争。尽管帝国的整个皇族，哈布斯堡天主教会及其强大的领袖查理五世都强烈反对宗教改革。在短短的几年时间里，神圣罗马帝国各城邦的多位领导人都背叛了天主教信仰，公开表明他们支持马丁·路德宗教改革。

在政治上，查理五世认为这些背叛严重威胁了他的中央皇权。为了阻止这场运动的扩散，他于1521年禁止马丁·路德进入帝国境内，禁止传播他的作品。尽管如此，他采取的行动似乎已经太晚了。仅仅8年后，帝国有14个自由城邦参加了新教运动，并正式请愿解除对马丁·路德及其作品的禁令。两年之后，即1531年，这些马丁·路德派城邦感觉到神圣罗马皇帝对他们的迫害越来越严重，就成立了军事联盟，后来被称为施马拉卡尔迪克联盟。他们有着雄心勃勃的政治目标，那就是取代神圣罗马帝国。

查理五世对与该联盟不可避免的军事对抗感到忧心，1544年，他邀请盟友教皇保罗三世和萨克森州的莫里茨公爵在帝国重要城市莱比锡的莫里茨公爵建造的堡垒里进行会面。这次会面的目标是讨论组建军事联盟以解除这一威胁，并就各国的军事行动达成一致意见。根据当时的编年史，这三个盟友在关键诉求方面各有不同。由查理五世统治的圣罗马帝国拥有欧洲最强大的军队。由教皇保罗三世统治的教皇国，是强大的天主教教会的宗教领袖国，也是欧洲最有影响力和最富有的国家。萨克森公国虽然是三个盟国中最小的，但拥有训练有素，战斗力强大的军队。此外，所有战斗都可能发生在萨克森的领土上，因此他们有很强的战斗动机，宁愿死也不会输掉这场战争。各方之间存在巨大差异，但显而易见的是，只有加入联盟，他们才有可能赢得这场即将到来的战争，因此，三方联盟是保证战争胜利的唯一途径。

作为这三方盟友的代表，你们即将会面，对在即将到来的战争中击败施马拉卡尔迪克联盟的最佳解决方案进行谈判。表29中的数字阐明了各方拥有的关键资源。

表29 联盟各方的关键资源

	神圣罗马帝国	教皇国	萨克森公国
人口	20,000,000	2,000,000	1,000,000
财富总数（古尔登）	80,000,000	100,000,000	10,000,000
军事力量	50,000 步兵	20,000 步兵	10,000 步兵
	10,000 骑兵	5,000 骑兵	2,000 骑兵

<<< 第三章 掌握四种谈判类型

值得注意的是，财富总数和军事力量代表了整个国家的总数。因此，每个国家能够或是愿意承诺的资源很可能会比这少。领导人都让他们的顾问提出建议，对即将到来的战争，如何最大限度地分配资源。预计这些建议在谈判开始前不久才会出炉。

在这次峰会之前，盟军将领们得出的一致结论是：要打败施马拉卡尔迪克联盟的军事行动至少需要花费3,000,000古尔登，60,000步兵和11,000名骑兵。这次会议上制定的军事战略在很大程度上依赖于三方的投入。因此，每方的投入都必不可少，这样才能保证战争的胜利。此外，通常可以利用雇佣兵作战，雇佣一名骑兵要50古尔登，雇佣一名步兵要20古尔登。由于战争迫在眉睫，根本没有足够的时间去进行这一选择，也没有时间筹集更多的资金。他们必须找到一种方法使用目前手头的可用资源来满足最低的集资要求，以便成功执行复杂的战略。

战争都需要付出巨大代价，不可避免地导致物力和人力的损失，战争通常会为胜利方带来一定的财务以及（或者）非财务的利益。对于施马拉卡尔迪克之战来说，情况可能也是如此。但是，联盟成员不会平等分享战争带来的潜在利益。据推测，神圣罗马帝国和教皇国将分别获得整体利益的50%和40%，剩下的10%留给萨克森公国。这些利益的分配不受谈判约束。

在谈判即将来临之前，你期待一位信使能给你一份关于各方能够分配施马拉卡尔迪克的资源（金钱和部队）的详细报告。考虑到三方内外事务的各种需求，这是你方能负担资源最大值，不能超过你方顾问推荐的数值。

以下是你即将进行的谈判目标的总结：

• 与盟友组成三方联盟；两方联盟缺乏必要的政治支持以及（或者）关键资源，那么战争注定失败，这一结果不可接受。

177

- 获得必需的资源（步兵，骑兵和资金）以赢得施马拉卡尔迪克之战；贵方将领制定的策略在很大程度上依赖于你方提供所需资源的能力；请注意，你必须满足他们的所有要求，否则整个联盟必然失败。
- 你方贡献不得超过顾问建议的数值；贡献可以比这少，不能比这多；此时不能开出空头支票，否则很可能会导致整个行动的失败。
- 尽量减少你方对此次军事行动贡献的总值；你方贡献越小，就有更多的资源去做其他事。
- 不要谈论战争的潜在利益的分配，只谈上述提到的（步兵，骑兵和资金）的问题。

神圣罗马帝国的秘密说明

根据你方顾问的建议，你可以将以下资源贡献给施马拉卡尔迪克之战：

- 最多 40,000 步兵
- 最多 7,000 骑兵
- 最多 1,500,000 古尔登

此信息严格保密。

教皇国的秘密说明

根据你方顾问的建议，你可以将以下资源贡献给施马拉卡尔迪克之战：

- 最多 15,000 步兵
- 最多 3,000 骑兵
- 最多 2,000,000 古尔登

此信息严格保密。

萨克森公国的秘密说明

根据你方顾问的建议,你可以将以下资源贡献给施马拉卡尔迪克之战:

- 最多 10,000 步兵
- 最多 2,000 骑兵
- 最多 500,000 古尔登

此信息严格保密。

总结报告

施马拉卡尔迪克战争谈判案例是一项三方参与的、可评分的分配式角色扮演谈判案例,该谈判案例是为 2011 年在德国莱比锡举行的全球商务谈判挑战赛而写的,角色扮演在莫里茨棱堡地下城的一座历史悠久的城市防御工事举行,这座防御工事约建于此次谈判角色扮演提到的事件发生之时。此次角色扮演不同于前几章中的角色扮演,它包含第三方,这明显增加了谈判过程的强度,适合用于在多方参与的情况下练习价值索取的技巧。

三位谈判代表分别是神圣罗马皇帝查理五世,教皇国统治者教皇保罗三世,莫里茨公爵以及之后的萨克森选举人,他们的主要目标是组建军事联盟,并就各方对联合军事行动的贡献达成一致意见。然而,这非常有挑战性,没有一方愿意做出超过必须承担份额的贡献。

对于该角色扮演的表现评分将基于其物质性结果。这一评分,要通过对所有资源进行通用货币(古尔登)估值,以便对所有参数进行量化。通过这种方式,可以对各方在减少其贡献份额方面取得的成效进行评估。

与本书中的其他多方角色扮演不同，施马拉卡尔迪克战争谈判的准备工作先在团队内进行，然后再分组，组成不同的三方。此准备工作包括阅读通用说明，这些说明对于各方都是相同的。在此之后，他们去各组接收各自的秘密须知，告诉他们己方的最大贡献值。

下面的表30总结了各方对联合军事行动最大贡献值的秘密说明，其中还包括保证此次行动成功所需的最低贡献值。

表30　各方对联合军事行动的最大贡献值

	神圣罗马帝国	教皇国	萨克森公国	总数	所需最小值
步兵	40,000	15,000	10,000	65,000	60,000
骑兵	7,000	3,000	2,000	12,000	11,000
资金	1,500,000	2,000,000	500,000	4,000,000	3,000,000

谈判各方的明确目标是与其盟友结成三方联盟，保障赢得施马拉卡尔迪克之战所需的资源（步兵，骑兵和资金），同时尽可能减少己方贡献价值总值。这样的目标在筹集赢得战争所需的资源和尽量降低各方贡献之间形成了一种张力。各方需要共同努力，但他们也想尽可能减少对军事联盟做出的贡献。不管各方拥有多少资源，他们能够最大限度贡献的集资总量只勉强超过行动所需资源的最低要求。这几乎没为保留资源留下任何空间。表31对这一挑战进行了阐释，即使其他合作伙伴将所有资源都交由联盟使用，各方为实现目标依然会做出最低贡献。例如，如果教皇国的教皇保罗三世和萨克森的莫里茨分别贡献出各自所有的步兵，分别为10,000和5,000，查理五世仍然必须派出至少35,000步兵（占其所能贡献最大值的88%）参加战斗。他的贡献可能会更高，甚至贡献出他所有的40,000步兵，不能再降低了，对于其他统治者和资源也是如此。

表31　各方对联合军事行动的最小贡献值

所需最小值	神圣罗马帝国	教皇国	萨克森公国
步兵	35,000	10,000	5,000
占步兵最大值的百分比	88%	67%	50%
骑兵	6,000	2,000	1,000
占骑兵最大值的百分比	86%	67%	50%
资金	500,000	1,000,000	0
占资金最大值的百分比	33%	50%	0%

各方对资源的货币估值都是一样的：在整个军事行动期间，雇佣一个骑兵需要50古尔登，步兵要20古尔登，这里进行的是严格的分配式三方谈判。这意味着各方不能在谈判中创造任何的附加价值，只能分配已经拥有的资源。另外，如果需要，通过区分各方之间的资源成本，我们可以很容易地将其转换为整合式谈判。

这种角色扮演的谈判策略可以基于各种客观标准，包括人口、财富总量、军事实力，或是战争获胜后分配的福利。客观标准的选择或其组合可能被用来证明各方对联盟的不同贡献。

为供参考，在2011年全球商务谈判挑战赛期间，代表查理五世的谈判人员获得的最佳实质性结果是：为联盟做出相当于1,624,000古尔登的贡献，其中包括37,200步兵，6,600骑兵和550,000古尔登。平均而言，查理五世的谈判代表们获得的结果平均是2,082,968古尔登。

代表教皇保罗三世的谈判代表取得的最佳实质性结果是：相当于1,710,000古尔登的贡献值，包括13,500步兵，2,900骑兵和1,295,000古尔登。平均来说，教皇保罗三世的谈判代表们做出了相当于2,067,136古尔登的贡献值。

最后，代表萨克森公爵莫里茨的最佳实质性结果是相当于 280,000 古尔登的贡献值，包括 10,000 步兵和 1,600 骑兵。平均而言，莫里茨的谈判代表们做出了相当于 590,805 古尔登的贡献。

在这轮比赛中，表现最好的团队是奥胡斯大学，其谈判人员有两个不同的谈判角色（查理五世和莫里茨）排名第一，教皇保罗三世的谈判角色排在第五位。

有趣的是，其中一个三方谈判没有达成协议就结束了，这或许是所有三方谈判人员遇到的最糟糕的结局。这表明，在追求价值最大化的过程中，即使是最优秀的学生谈判者也会因为情绪而失去理智。

二、埃尔·多拉多（EI Dorado）

作者：雷米久什·斯莫林斯基

谈判方数量：3　准备时间：30 分钟　谈判时间：60 分钟　复杂程度：高

教学重点

信息交流，理解共同利益，多边谈判中的关系构建，联盟成立，合作，在多方谈判中价值创造和价值索取策略，信任建立，客观标准，公平，多方谈判。

简要描述

埃尔·多拉多是一个三方参与的谈判。经过五年的探索，三位熟人终于在哥伦比亚的一个偏远山洞中发现了丢失的穆伊斯卡人埃尔·多拉多的珍宝。不幸的是，一名探险者不小心触发了部落早已设好的，用来保护宝藏的隐秘破坏机关。在洞穴内的一切被破坏之前，他们只有很短的时间来谈判如何分割宝藏。每个人带走的宝物有限，他们必须进行艰难的选择。他们一开始参加这次寻宝时的动机就不同，做出选择并不容易。

通用说明

"米格尔，掐我一下！"图略（Tulio）说道，他难以置信地揉了揉眼睛。"你瞧见了吗？"安第斯小洞穴的暮色被手电筒反射出来的黄、红和绿色光线穿透，前面的角落里有一堆神秘的东西。

米格尔（Miguel）没有回答。他呆呆地站在那里，被眼前的景象迷住了。切尔（Chel）向前走去，跪在令人眼花的反射光源旁边，仔细地查看了他们的发现。然后，她站了起来，转身对他们说："先生们，恭喜！我们刚刚找到了埃尔·多拉多遗失的宝藏！"她走到他们身边，轻轻地合上米格尔的嘴巴，带着自信的笑容说道："早告诉过你们啦！"

大约5年前，在米格尔舒适的豪宅里，切尔花了几小时让他们相信，埃尔·多拉多的故事不是虚构的。多年来，切尔十分痴迷于这一想法。她知道所有的传说和历史记载，甚至那些只含糊提及的穆伊斯卡部落，以及他们的历史、信仰、文物或仪式的记载。这些方面，她绝对是专家。

穆伊斯卡文明位于今天的哥伦比亚中部，也就是波哥大北部以及周围地区。该文明与墨西哥中部的阿兹特克人、墨西哥南部的玛雅人、危地马拉、伯利兹萨、萨尔瓦多、洪都拉斯和秘鲁的印加人同样先进。传说，这个部落拥有巨额财富，包括以黄金为中心的文化。对他们来说，黄金是一切的中心，十分重要，穆伊斯卡酋长在其成年仪式上，将被金粉覆盖，把自己浸入瓜塔维塔湖。这种仪式引发了关于金色国王的传说，其西班牙语为，黄金国王（El Rey Dorado），黄金人（El Hombre

Dorado），金色之人，或简称"埃尔·多拉多"，金色的。然而，传说中穆伊斯卡人把他们拥有的巨大财富藏了起来，担心它会被侵略的西班牙征服者掳掠。这宝藏从未被发现过，故事变得越来越具有传奇性，最后成为埃尔·多拉多的传说。

许多人进行了无数次探险活动，彻底搜索了瓜塔维塔及其周边地区，但没有发现任何蛛丝马迹。然而，切尔通过广泛的研究发现了一些古老的穆伊斯卡传说，暗示这些宝藏隐藏在以前尚未探索的安第斯洞穴地区。她整个青春年华都致力于寻找埃尔·多拉多，切尔的梦想在今天终于实现了。

他们迅速检查了发现的宝藏，并将金币和金粉，穆伊斯卡珠宝，各种宝石，比如钻石、祖母绿和红宝石，金色武器，古代艺术品，黄金国王的金色雕塑，以及穆伊斯卡酋长的皇室徽章装进麻袋里。表32列出了发现的宝物清单，估计重量以及可分割性。

表32 所发现的珍宝以及其重量和可分割性

宝藏	重量（千克）	可分割性
金币和金粉	50	完全可分割
穆伊斯卡珠宝	25	50件
金色武器	25	5件
古代艺术品	20	10件
宝石	10	完全可分割
黄金国王	10	1件
皇家徽章	5	1件

145千克的穆伊斯卡宝藏远远超出了他们所能承受的重量。即使他

们拼尽全力，也无法将其全部带回去。除了食物和设备之外，切尔可以携带最多20千克的宝物，米格尔和图略每人最多携带40千克。

在即将到来的谈判中，切尔、米格尔和图略将讨论如何瓜分穆伊斯卡宝藏，并就带走什么以及留下什么达成一致意见。然而，在检查宝藏时，米格尔意外触动了一个古老的机械装置，是穆伊斯卡为了保护宝藏不受掠夺而设置的。这个装置会破坏掉整个洞穴，所有留下的宝物将永远丢失。

切尔、米格尔和图略5年前组建了这个联盟来寻找埃尔·多拉多。切尔是这个项目的幕后策划者。她深入研究了穆伊斯卡部落的历史，建议将探索的重点从瓜达维塔湖转移到部落迁徙路线的邻近山区。

米格尔没有切尔对于穆伊斯卡部落的历史和文化的那份热情，却资助了五次探索行动，希望从中获得巨大的经济回报。他之所以承担这种风险，只是为了得到大部分宝藏。

图略是团队中的冒险家、探险家和生存专家。单单是探险这一想法就足以让他加入探索队。他只是喜欢切尔关于寻找埃尔·多拉多的想法，享受探索的过程。在他丰富的生存和探索经验之外，切尔和米格尔也知道，如果没有图略与文物宝藏经销商广泛的关系网，他们将无法以图略保障的价格出售宝贝。

无论他们在整个行动中多依赖，多需要彼此，以及他们关系变得多么好，现在都是划分埃尔·多拉多宝藏的时候了。

切尔的秘密说明（A）

这就是传说中的穆伊斯卡部落的宝藏——埃尔·多拉多。黄金、珠宝、武器和艺术品一起为你的大胆尝试奏响了令人难忘的灿烂辉煌的交响乐。事实上，这一令人惊叹的景象已经补偿了你多年来的痛苦、汗水

185

和眼泪。

你很快检查了宝藏，粗略估计了一下它们的价值。表33总结了你的检查发现，并显示了你对穆伊斯卡每种宝藏的个人估价：

表33 切尔对所发现宝藏的估值

宝藏	重量（千克）	可分割性	个人总估值（分）
金币和金粉	50	完全可分割	500
穆伊斯卡珠宝	25	50件	300
金色武器	25	5件	200
古代艺术品	20	10件	300
宝石	10	完全可分割	80
黄金国王	10	1件	1000
皇家徽章	5	1件	300

你参加这次探索的主要原因不是贪婪，而是对穆伊斯卡文化的热爱，以及为了证明你对埃尔·多拉多宝藏位置的预测是正确的。因此，在接下来的谈判中，你将集中精力获取由穆伊斯卡人制作的艺术品，尤其是黄金国王雕像以及皇家徽章。否则，你可能需要改变偏好，坚持获取其他有价值的文物。

时间飞逝，古老的穆斯卡机关很快就会破坏这个洞穴，且毁掉你决定留下的文物。如果在截止时间之前无法达成协议，你将葬身在这里，埃尔·多拉多的宝藏也将永远消失。

总之，在即将到来的谈判中你的目标是：

- 达成三方协议；在截止时间之前没有达成协议，意味着无人受益。
- 只有三位都同意协议才有效，只有两方同意的协议是无效的。
- 最大限度地提高你随身携带的艺术品的总价值，你只能带走你可以自己携带的重量的东西,不可以为他人携带文物。

• 确保你携带的东西不超过 20 千克。如果你最终得到的宝物超过了携带重量,将从你的分数中扣除其中最不值钱的物品的价值。

• 专注于你可以携带的东西;遗留下来的宝物将永远丢失,讨论它们的分配没有任何意义。

祝你好运!

米格尔的秘密说明(B)

这就是传说中的穆伊斯卡部落的宝藏——埃尔·多拉多。黄金、珠宝、武器和艺术品一起为你的大胆尝试奏响了令人难忘的灿烂辉煌的交响乐。事实上,这一令人惊叹的景象已经补偿了你多年来的痛苦、汗水和眼泪。

你迅速检查了你们的发现,粗略估计了一下它们的价值。表34总结了你的检查发现,显示了你对穆伊斯卡每种宝藏的个人估价:

表34 米格尔对所发现宝藏的估值

宝藏	重量(千克)	可分割性	个人总估值(分)
金币和金粉	50	完全可分割	500
穆伊斯卡珠宝	25	50 件	400
金色武器	25	5 件	300
古代艺术品	20	10 件	300
宝石	10	完全可分割	200
黄金国王	10	1 件	800
皇家徽章	5	1 件	400

你参加这次探索的主要原因不是对穆伊斯卡文化的热爱,纯粹是为

了金钱。你很愿意为探险队提供资金，希望从中获得巨大的回报。在接下来的谈判中，你将集中精力获取最有价值的文物（黄金国王或者皇家徽章），获得更多的宝石和珠宝。否则，你可能需要改变偏好，坚持获取其他有价值的文物。得到总价值750（分）的文物可以抵消探险队的费用，并带来可观的利润。

时间飞逝，古老的穆斯卡机关很快就会破坏这个洞穴，且毁掉你决定留下的文物。如果在截止时间之前无法达成协议，你将葬身在这里，埃尔·多拉多的宝藏也将永远消失。

总之，在即将到来的谈判中你的目标是：

- 达成三方协议；在截止时间之前没有达成协议，意味着无人受益。

- 只有三位都同意协议才有效，只有两方同意的协议是无效的。

最大限度地提高你决定随身携带的艺术品的总价值；你只能带走你可以自己携带的重量的东西，不可以为他人携带文物。

- 确保你携带的东西不超过40千克。如果你最终得到的宝物超过了携带重量，那么将从你的分数中扣除其中最不值钱物品的价值。

专注于你可以携带的东西；遗留下来的宝物将永远丢失，所以讨论它们的分配没有任何意义。

祝你好运！

图略的秘密说明（C）

这就是传说中的穆伊斯卡部落的宝藏——埃尔·多拉多。黄金、珠宝、武器和艺术品一起为你的大胆尝试奏响了令人难忘的灿烂辉煌的交响乐。事实上，这一令人惊叹的景象已经补偿了你多年来的痛苦、汗水和眼泪。

第三章　掌握四种谈判类型

你很快检查了你们的发现,并粗略估计了它们的价值。表35总结了你的检查发现,显示了你对穆伊斯卡每种宝藏的个人估价:

表35　图略对所发现宝藏的估值

宝藏	重量(千克)	可分割性	个人总估值(分)
金币和金粉	50	完全可分割	500
穆伊斯卡珠宝	25	50件	200
金色武器	25	5件	400
古代艺术品	20	10件	400
宝石	10	完全可分割	80
黄金国王	10	1件	800
皇家徽章	5	1件	300

你参加这次探索的主要原因不是对穆伊斯卡文化的热爱,而是出于对寻找他们宝藏的激情。在探险期间,丰富的探险家和生存经验非常实用。如果发现了宝藏,你也很乐意提供销售宝藏方面的帮助。你认识世界上许多古董鉴赏家,他们愿意出高价购买穆伊斯卡宝藏。因此,在接下来的谈判中,你将集中精力获取最有价值的文物(黄金国王或者皇家徽章),获得更多的古代武器和艺术品。否则,你可能需要改变偏好,坚持获取其他有价值的文物。

时间飞逝,古老的穆斯卡机关很快就会破坏这个洞穴,毁掉你决定留下的文物。如果在截止时间之前无法达成协议,你将葬身在这里,埃尔·多拉多的宝藏也将永远消失。

总之,在即将到来的谈判中你的目标是:

- 达成三方协议;在截止时间之前没有达成协议,意味着无人受益。
- 只有三位谈判人员都同意拟定的分配,协议才有效;只有两方同

189

意的协议是无效的。

- 最大限度地提高你决定随身携带的艺术品的总价值；你只能带走你可以自己携带的重量的东西，不可以为他人携带文物。
- 确保你携带的东西不超过 40 千克。如果你最终得到的宝物超过了你的携带重量，那么将从你的分数中扣除其中最不值钱的东西的价值。
- 专注于你可以携带的东西；遗留下来的宝物将永远丢失，所以讨论它们的分配没有任何意义。

祝你好运！

总结报告

埃尔·多拉多是为在哥伦比亚波哥大举行的 2017 年全球商务谈判挑战赛而写的可评分的三方整合式谈判。它用于在洛斯安第斯大学举行的首轮比赛中，适用于练习在多方谈判中的价值创造和价值索取技巧。

谈判人员扮演的是三个虚构角色：切尔（A）、米格尔（B）和图略（C），讨论他们刚刚发现的埃尔·多拉多宝藏的分配问题。由于各方的偏好以及可承担重量不同，他们对谈判对象的估价也不同。了解和利用这些差异使他们有机会去创造价值。埃尔·多拉多为谈判者带来了一系列复杂的挑战。首先，与所有多方谈判一样，增加一个参与方会大大增加价值创造过程的复杂性。例如，谈判人员之间需要建立起足够的信任，才能与另外两方分享自己的偏好，这是非常敏感的信息。这使得确定增值选项的过程变得更加复杂，谈判效率更低。在激烈的竞争中，这尤其困难，因为这可能会使谈判者忽略价值创造，而把重点放在价值索取上。如果犯了这个错误，就无法达成理想的协议，减少创造的价值。

>>> 第三章 掌握四种谈判类型

对于该角色扮演的表现评估将基于其物质性结果。这是通过设定偏好的特定价值，来量化各方偏好宝物来实现的。因此，任何宝物的价值都可能因谈判者的不同偏好而有所不同。通过这种方式，谈判结果就能反映各方在价值创造和索取方面的成绩，各谈判方的机密命令中都表明了这些偏好，给出了他们对每件宝物的估价。这也暗示了每个人对宝物的估价是不同的。而且，每方可携带的宝物的重量都有不同的上限，他们需要精打细算，使携带宝物的价值最大化，这增加了谈判压力。表36总结了机密命令中的内容。包括宝物的重量、种类以及价值，还包括理解各方利益的基本参数：1千克宝物对于他们的价值是多少。

这让谈判各方可以更有机会达成帕累托有效分配，也就是说，在有承重限制的情况下，通过了解各方需求，将宝物分配给最重视其的一方从而创造更多的价值。这在对那两件最有价值的文物的估值中尤为重要。黄金国王是所有宝物中最有价值的一件，他们都希望自己能得到这件宝物，但是，对于整体协议来说将它给切尔是最有价值的（1000>800，1千克100>1千克80）。第二件最有价值的宝物，皇家徽章，也具有这个特点，将其分配给米格尔是最好的选择（400>300，1千克80>1千克60）。

表36 埃尔·多拉多宝藏以及它对谈判各方的价值

宝藏	重量（千克）	可分割性	对切尔的总价值(A)（分）	每千克价值(A)（分）	对米格尔的总价值(B)（分）	每千克价值(B)（分）	对图略的总价值(C)（分）	每千克价值(C)（分）
金币和金粉	50	完全可分割	500	10	500	10	500	10
穆伊斯卡珠宝	25	50件	300	12	400	16	200	8

续表

宝藏	重量（千克）	可分割性	对切尔的总价值(A)（分）	每千克价值(A)（分）	对米格尔的总价值(B)（分）	每千克价值(B)（分）	对图略的总价值(C)（分）	每千克价值(C)（分）
金色武器	25	5件	200	8	300	12	400	16
古代艺术品	20	10件	300	15	300	15	400	20
宝石	10	完全可分割	80	8	200	20	80	8
黄金国王	10	1件	1000	100	800	80	800	80
皇家徽章	5	1件	300	60	400	80	300	60

如表37所示，如果各方能按此方法谈判，他们共同创造的最大价值将达到2825。这时切尔得到的价值是1125，米格尔得到的价值是1000，图略得到的价值是700。由于价值创造和价值索取之间的紧张关系，这不是一件容易的事。例如，将这两个最有价值的宝物分配给切尔和米格尔，会造成图略的价值分配不平衡，给他其他宝物无法弥补。这使他面临压力，只能违背帕累托有效分配，索取价值。参加2017年全球商务谈判挑战赛的团队中没有一个成功达成了这一解决方案，尽管他们中的一些组非常接近这一结果（2820）。

表37 埃尔·多拉多宝藏的帕雷托有效分配

宝藏	切尔（A）	米格尔（B）	图略（C）
金币和金粉	5	0	0
穆伊斯卡珠宝	0	25	0
金色武器	0	0	25

续表

宝藏	切尔（A）	米格尔（B）	图略（C）
古代艺术品	5	0	15
宝石	0	10	0
黄金国王	10	0	0
皇家徽章	0	5	0
价值	1125	1000	700

作为参考，代表切尔（A）的谈判人员在201?年全球商务谈判挑战赛期间获得的最佳物质性结果：获得价值1130的宝物，其中获得了6千克的古代艺术品，黄金国王，以及4千克金币和金粉。切尔获得的平均总值为774，这是所有角色中的最低值。

米格尔（B）的谈判代表们获得的最佳物质性结果是：获得总价值1110的宝物，其中获得了黄金国王，5千克的黄金武器以及25千克金币和金粉。平均而言，米格尔谈判代表们获得的平均总值最高，为886。

图略（C）的谈判代表们最好的物质性结果是总价值为1360的宝物，包括黄金国王，20千克艺术品以及10千克武器。图略谈判代表们获得的平均总值为818。

矛盾的是，如果通过帕累托有效结果进行分析，总体结果最好的谈判获得的总价值最低。

有趣的是，其中一个三方谈判没有达成协议就结束了，这是至此所有三方谈判人员可能遇到的最糟糕的情况。这清楚地表明，即使是最优秀的学生谈判者在追求价值最大化时也会被情绪所影响，使谈判的潜在价值完全没有得到充分发挥。

193

三、能源转换（Energy Turnaround）

作者：约翰内斯·格罗特（Johannes Grothe）、亚历山大·鲁兰（Alexander Ruhland）、曼纽尔·斯各贝尔（Manuel Schebel）

指导：雷米久什·斯莫林斯基

谈判方数量：3　准备时间：30分钟　谈判时间：45~60分钟　复杂程度：高

教学重点

信息交换，了解共同利益，多边谈判中的关系构建，联盟成立，合作，多边谈判中的价值创造和价值索取策略，商业谈判中的道德规范，个人利益与集体利益之间的情境冲突，信任建立，客观标准，公平，多方谈判。

简要描述

能源转换案例是代表冰岛三家能源公司的谈判人员进行的三方角色扮演模拟谈判案例。为了响应政府推广全国性清洁能源计划的号召，他们必须召开会议，讨论各方的参与方式。然而，每家公司都有不同的财务资源和战略动机，这些会影响他们想要达成的结果。此外，一些首席执行官的个人诉求可能会影响谈判。

通用说明

"今天，冰岛政府很高兴地宣布，我们已经为自己制定了一个宏伟的目标。通过启动能源转换计划，我们朝着实现仅由可再生能源供应100%能源消耗的目标迈出了第一步。请加入我们，共同支持这一崇高和宏伟的事业。"

S. 特比思（S. Trebies），冰岛政府发言人

通过能源转换计划（Energy Turnaround Program，ETP），冰岛有机会成为世界上第一个使用清洁和可再生资源生产能源的国家。作为该计划的一部分，冰岛三大能源公司，它们都是各自分销区域中处于垄断地位的能源公司——克萨韦尔能源（Xaver Power），代表冰岛的西北地区；辛加能源（Xynthia Power），代表南部地区；基里尔能源（Kyrill Power），代表东部地区。三家公司的代表已被邀请参加会议，讨论并商定对实现这一目标的各自利益。表38是各家公司的简介：

表38 冰岛各能源公司的情况

	克萨韦尔能源	基里尔能源	辛加能源
员工人数	约5000	约1000	约1500
收入（克朗）	50亿	7亿~8亿	20亿
盈利能力	高盈利	低盈利	一般盈利

具体而言，能源转换计划主要是政府协调的项目。预计在会议期间，各家公司将要讨论三个项目之一的投资利益诉求。表39包括每个项目所需的总计投资的金额范围。

表39 可能建设的项目及所需投资

项目	所需投资（克朗）
建设地热电站	1亿~2亿
建设地热电站和风电场	2亿~5亿
建设地热电站、风电场和太阳能电站	5亿~10亿

政府已经完成了大量的可行性研究工作，坚定地承诺推进这一计划，因此这三种方案是不能灵活调整的。这意味着其他的项目组合或者单独建造太阳能电站和风电场是不可能的。根据三方投资总额来确定完成哪一个给定的项目，意味着如果三方的总投资低于 1 亿克朗，就不能启动任何项目。此外，政府试图鼓励整个国家都来支持这一宏伟的项目，只有在三家公司共同投资的情况下，它才会提供激励补助金。然而，本着同样的精神，政府希望避免整个能源转换计划完全由一家公司控制的局面出现。因此，政府不允许任何公司独自完成项目。一个项目必须至少由两家公司合作完成。最后，每家公司必须投入至少占投资总额 15% 的资金，才能从补贴中受益。

为筹备这次会议，政府分析师已经做好了准备，确定所有项目在完全折旧之前可以运营 10 年。他们还提供了各项目的投资回报率（ROI）估算值，以及政府将如何补贴参与其中的公司，如表 40 所示：

表40 各项目的预计投资回报率和政府补贴

项目	每年的投资回报率	每年的补贴金额（克朗）
建设地热电站	20%	0
建设地热电站和风电场	10%	1000 万
建设地热电站、风电场和太阳能电站	8.5%	2000 万

虽然项目的回报取决于各公司的投资数额，但补贴是固定的。每个有资格获得补贴的公司都将得到与表 40 中列出的补贴相对应的补贴金额。政府将连续 5 年支付该补贴。

三家公司将于今天晚些时候召开时长为 45 分钟的会议，届时三方将讨论并商定这些问题。

克萨韦尔能源首席执行官的秘密说明

你是山姆·格雷厄姆（Sam Graham），克萨韦尔能源的首席执行官。克萨韦尔能源是一家上市公司，负责为冰岛的北部和西部地区生产和配送能源。政府邀请你与国内其他两家主要能源供应商的首席执行官会面。在本次会议上，你应就克萨韦尔能源将如何参与政府的新能源转换计划与其他两家公司进行讨论并达成共识。

为了准备这次会议，你了解到作为冰岛最大和最赚钱的能源公司，克萨韦尔能源拥有最大的客户群，资金周转情况极好，资金充足，甚至可以提供最大项目所需的资金。的确，就政府提供的可以参与的能源转换计划项目，你可以轻松地独自筹集高达 5 亿克朗（krónur）的资金，这也可能将为你方公司带来最高的补贴。根据你方专家预测和你的经验，这是政府提供的可靠数据。你的核心业务一直保持着 10% 或更高的投资回报率，可以轻松进行许多有着类似盈利能力的替代项目。你对补贴非常感兴趣，但要尽量减少对项目的投资，让其他公司承担尽可能多的风险。

你很兴奋，相信自己有能力成功完成此次谈判。10 多年来，你一直领导着克萨韦尔能源高效盈利，成为冰岛能源行业最成功的管理者之一。实际上，你在公司广泛使用低成本高利润核能的管理方面发挥了重要作用。然而，你最近悄悄地向董事会提出了退休的申请，因此在谈判之前，你还需要考虑一些与剩余财产和退休财务有关的个人问题。

首先，克萨韦尔能源主要使用核能，而环境问题对你个人来说非常重要。你有三个孩子，对作为一家能源公司管理人员的责任特别敏感，希望为自然资源的可持续性发展做出贡献，为后代谋福利。因此，你以保持环境友好绿色发展的形象为荣，积极参与到多种环境活动中去。

其次，随着退休日子的临近，你希望在几十年的紧张商业生活后，能有更多时间和妻子在一起。但是，与你在公司的职责无关，几年前你所做的个人投资都失败了，消耗了大部分的储蓄。因此，你担心你和妻子舒适的退休计划不能实现。你只与极少数特别信任的人（包括你的妻子和克萨韦尔能源的董事会）提过这些事，但在上次公司圣诞派对上，你喝醉了，可能向一群年轻经理提到了一些你的情况。不幸的是，你记不清对谁说的以及说了什么。

考虑到第二个问题，你知道董事会计划将从接下来的谈判中抽取绩效奖金来奖励你在过去10年中的成就，这与公司的利益也是相一致的。

具体而言，你最终承诺的投资金额将对公司的盈利产生重大影响，因此公司为你提供了以下奖金支付结构，显然是为了激励你尽量减少对该项目的投资。

表41　克萨韦尔能源的投资与你奖金之间的关系

投资（百万克朗）	奖金（百万克朗）
0<100	5
101~250	3.8
251~330	2.5
331~450	1.7
>450	0

对你来说，这一激励是鼓舞人心的，提供了解决你最近个人投资困难的机会。更令人振奋的是，董事会授予你权力，完全可以自主协商并决定克萨韦尔能源的最佳利益方案。

为了避免公司以外的人可能进行的不当行为，不能让其他任何人知道你的个人情况，这很重要。事实上，很难让人不误解你公司的低投资与个人利益有关。此外，你不必担心自己组织内部人员的任何指责，如果谈判伙伴知道了你的激励奖金，可能会对即将进行的谈判产生负面影响,这对公司和你的奖金都不利。

此外,作为冰岛最大能源公司的首席执行官,你还肩负着促进可再生能源发展的社会责任。投资可再生能源发电也可以为克萨韦尔能源带来长期的良好声誉。这两者都对你很重要。

董事会相信你能代表公司高效地做出最佳的管理决策。考虑到你的财务困难状况,需要尽可能高的奖金,除此之外,你要努力平衡你的奖金目标与公司利益之间的关系:最大限度地减少你方的投资,同时将补贴最大化。这些利益对你同样重要。政府启动了这次会议,但不能强迫你今天就需要达成协议。

最后,在漫长而成功的职业生涯中,你参与了许多令人难忘的谈判。有一次,你被辛加能源的代表怀特先生欺骗了。具体而言,他利用你的信任为自己谋利,你需要非常谨慎。这是你最后一次大型谈判,而且这次比以往任何时候都更加重要,你的表现对克萨韦尔能源以及你的未来都至关重要。

基里尔能源首席执行官的秘密说明

你是帕梅拉·玛莎·兰杰(Pamela Martha Ranger),基里尔能源的首席执行官。基里尔能源是冰岛东部的能源供应商。除了电力,该公司还为该地区提供水和天然气。与克萨韦尔能源相比,基里尔的分销区域更小,员工更少,资金也更少。此外,与克萨韦尔能源不同,基里尔能源部分由市政府所有,主要由政府管辖。因此,其地方当局对公司的业务决策有着相当大的影响。其余股东差异巨大,主要包括外国金融投资者和其他国家的能源公司。这些小股东对基里尔能源的业务决策影响相对较小,但市政当局需要公司对可持续发展的绿色能源进行大量投资。

为实现这一目标,尽管投资预算有限,但在过去5年中,为了将其发电技术转换为更高效、更环保的沼气技术，基里尔能源已投资 1.5 亿克朗。不幸的是，在转换过程的早期阶段，公司的专家清楚地看出，由于技术问题，这项技术将无法实现预期效率。事实上，这个问题十分严重，他们甚至预测产出不能抵消运营成本。他们建议停止沼气技术而使用其他替代技术。

尽管如此，基里尔能源的前首席执行官格林霍恩（Greenhorn）先生还是忽略了这一建议，执意完成了该项目，将其洗白成公司环保公益形象的代表项目。

此后不久，内部审计发现并披露了这些事实。结果，格林霍恩先生被迫辞职。此外，公司内部人员向当地报纸《东部冰岛每日镜报》泄露了审计细节，该报刊登了一篇文章，严厉批评了整个事件。该文章将基里尔能源描述为假环保以及假心假意发展可持续性能源的公司，而沼气项目只是为了改善基里尔能源不断恶化的形象才进行的。

冰岛东部的许多人认为《东部冰岛每日镜报》写的都是花边新闻，但公司董事会知道基里尔能源的信誉度受到了严重影响，需要迅速补救，这也是 5 个月前雇佣你的主要原因。

这是你职业生涯中第一次担任首席执行官职位。你有着雄心壮志，对工作尽心尽力。作为知名的"生态领袖"，你个人致力于提高能源行业的环保标准。与此相关的是，对于这一新职位，你宣布了明确的发展战略，那就是：重心放在可持续发展绿色能源上。

在此之前，你曾在多个环境组织担任高级项目经理，在管理战略能源项目方面积累了宝贵经验。因此，市政当局对你抱有很高的期望，包括引入并推动必要的改革以恢复基里尔能源的声誉。由于缺乏能源行业的具体领导经验，公司内部出现了一些批评的声音。事实上，有传闻称，你被聘用不是由于知识和经验，而是因为你的环保形象。你渴望解除这些误会。

在这方面,你的具体使命是将基里尔能源转变为一家专注于可再生能源的创新型能源公司。这是一项艰巨的挑战,需要大量的投资。实际上,公司的经营正持续亏损,目前几乎无法承担其流动负债,需要借债以保持资金的流动。表42列出了一系列基里尔能源的财务数据以及关键绩效指标:

表42 基里尔能源的财务数据以及关键绩效指标

	产权比率①	现金比率②	速动比率③	收入（克朗）	利润（克朗）
去年	9.90%	60%	125%	8.3亿	-200万
本年度（预期值）	4.90%	25%	101%	7.4亿	-1300万

最后,该公司的大部分现金流都基于传统的碳基能源,如煤和天然气。因此,要想利用可持续能源实现盈利,还需要高额的投资,这样目前所依赖的生产基础设施才能实现转型,但这是十分冒险的。

如果要做到这一点,唯一的机会是通过与国内一家或两家其他大型电力生产商进行合作。这就是为什么你对和其他两家主要能源生产商受邀参加即将到来的能源转换计划如此兴奋的原因。事实上,你推测如果辛加能源和克萨韦尔能源也决定投资绿色能源,可能会形成一个强大的

---

① 产权比率指的是股东的而不是债权人的资产占总资产的比例。如果公司的资产收益率高于支付给债权人的利率,低产权比率就能给股东带来好处。来源:https://en.wikipedia.org/wiki/Equity_ratio

② 现金比率指的是公司现金和现金等价物的总额与其流动负债的比例。它可以衡量一家公司偿还短期债务的能力。来源:http://www.investopedia.com/terms/c/cash-ratio.asp

③ 速动比率显示公司是否拥有足够的短期资产来支付其流动负债。速动比率小于1表明其流动资产不足以支付其流动负债。来源:http://www.inve-stopedia.com/terms/a/acidtest.asp

联盟，产生显著的协同效应。通过与其他供应商建立强有力的合作伙伴关系，基里尔能源在银行的信誉会明显提高，这对基里尔能源很重要，因为，最近获得所需信贷变得越来越难。事实上，你知道其他公司也面临着这个问题。

为了准备这次最有可能给基里尔能源带来良好声誉的会议，你的目标是说服其他各方同意实行政府提出的最大投资项目（建设地热电站、风电场和太阳能电站）。但是，你方投资，如果有的话，必须限制在1亿克朗以内。

如果各方都同意为该项目投资，这将提高银行对基里尔能源信誉的信心，银行将向你方提供急需的新信贷额度。在这种情况下，你方投资可以增加到1.5亿克朗。请记住，在目前的财务状况下，你需要将你方投资控制在最低限度，尽可能使你方投资有利可图。

这并非易事。你刚任职不久，还不太了解其他两家公司的情况。你听说克萨韦尔能源的首席执行官——格雷厄姆先生是一位经验丰富，责任感和占有欲强的领导。他还有温和的环保形象，希望通过可再生能源推动能源业的可持续发展。

实际上，你见过来自辛加能源的沃尔特·怀特（Walter White）先生。他似乎是一位非常善于分析和务实的经理。在你的印象里，他更感兴趣的是盈利能力和风险防控，而不是可持续能源。此外，在你担任首席执行官后，由于你对他们一项提议的回应，基里尔能源和辛加能源之间的关系略有恶化。具体而言，两个月前，他们提出了一个利益诱人的项目，即购买在你方分销区域内建造大坝的权利。然而，该地区的河流和湖泊资源丰富，你拒绝了这一提议，公开回应，基里尔能源不支持严重干预自然的行为。你对大坝问题态度强硬，但与辛加能源就此问题重新启动谈判却可能有助于能源转换项目的谈判。

>>> 第三章 掌握四种谈判类型

总之，你方财务状况不佳以及投资转换项目的预算有限，但要尽量让各方都同意实行最大的投资项目，减少你方对该项目的投资，并且尽可能使其为基里尔能源带来利润。你方董事会希望达成可获得最高政府补贴的协议。这对公司的生存至关重要。政府组织了此次会议，但不能强迫你今天就达成协议。但是，没有达成协议可能会让你失去工作。

辛加能源首席执行官的秘密说明

你是沃尔特·怀特，中型企业辛加能源的首席执行官。你公司负责为冰岛南部的家庭生产和分配能源。你负责管理辛加能源长达数年，在业界享有盛名。冰岛政府邀请你与国内其他两家主要能源公司的首席执行官参加会议，要求你就投资能源部门的能源转换计划与他们进行讨论，并达成一致意见。

辛加能源成立于 1912 年，一直致力于为居住在冰岛南部地区的客户提供服务。此外，尽管经历了能源行业的许多经济变化，但它仍然是唯一私人股份占多数的大型能源供应商。最大的股份由强大且极具影响力的昆特（Quendt）家族持有，剩余股份由本地小股东和市政府持有。

该公司一直代表当地居民和纳税人的利益。该公司专注于长期稳定和可持续的增长，而不是短期利益最大化。这一理念也包含在公司的主要投资决策中，而且这些决策是由昆特家族和监督委员会仔细分析后批准的。所以，他们非常清楚能源转换计划对辛加能源的未来及其经营理念的重要性，已经批准了高达 2 亿克朗的投资。然而，是否实行这一预算在很大程度上取决于其他两家大型公司的行为，以及他们的投资意愿和是否愿意辛加能源仅扮演支持性投资者的角色。辛加能源不会成为该项目的主要投资者。

你方的当地政府专家以及战略和财务部门对该投资决策进行了深入

分析。根据预测，该投资项目可以带来的总收益主要取决于对能源转换计划的投资金额。你知道辛加能源无法承担将巨额资金投入到一个不成功的项目所带来的风险。除非可以分担风险，否则你方不会投资这么大的项目。

另一个问题是你与克萨韦尔能源的格雷厄姆先生的关系相当紧张。在过去三年中，你与格雷厄姆先生进行了几次类似的谈判。然而，在最后一次谈判后，你听说格雷厄姆先生对结果非常不满。你对此感到十分惊讶，觉得所有事情都是以公平的方式进行谈判。你只是为自己的公司寻求最佳结果。不管他感受如何，你很乐意再次改善与格雷厄姆先生的关系。

最后，你方公司与基里尔能源还有一个公开的问题。他们的分配区域包括一片遍布河流和湖泊的地区，那里适合建造大坝。这对于辛加能源来说是一个非常有利的项目。你方公司拥有完成此项目所需的技能，但是没有完成此类项目的建设权，需要从基里尔能源获取建设权。你一直想知道为什么基里尔能源没有自己修建大坝，但上一任首席执行官格林霍恩先生促成了基里尔能源和辛加能源之间的密切业务关系，愿意通过谈判出售这些权利给辛加能源。不幸的是，由于丑闻，格林霍恩先生于5个月前被解雇了，他的继任者帕梅拉·玛莎·兰杰是一位严格的生态环保主义者，因建造大坝会造成环境破坏，他公开放弃了这项提议。然而，该项目对于辛加能源仍然十分重要，你可以利用此次能源转换会议重新启动大坝建设权的谈判。你方财务部门预估这些建设权的价值为8000万克朗。

目前，你的目标是就适合你公司的解决方案达成一致意见。你需要权衡初始投资、预期回报和可能的补贴，将所有参数考虑在内，为公司协商出最佳交易方案。请记住，政府组织了此次会议，但它不能强迫你在今天就达成协议。

基里尔能源首席执行官的秘密须知

在谈判开始10分钟后收到

发送者：贝蒂·史密斯（Betty Smith）（帕梅拉·玛莎·兰杰的助手）

帕梅拉：你好。

上个月从克萨韦尔能源过来的新部门经理蒂姆告诉我，他听说山姆·格雷厄姆即将退休，甚至已经在一座岛上买了一套海滨别墅。蒂姆似乎对此相当肯定。这信息是否有用？

好运！

贝蒂

总结报告

能源转换案例是一场可评分的三方角色扮演模拟谈判案例，是为2014年在冰岛雷克雅未克举行的全球商务谈判挑战赛而撰写的，在雷克雅未克大学举行的首轮比赛中使用，适用于在多方谈判的情况下练习价值创造和价值索取技能。此外，它还解决了商业谈判中道德的相关问题，提到了信任对于社会合作的重要性，以及解决个人利益和群体利益之间情境冲突的问题。

参加该谈判的是三家虚构冰岛能源公司的三位首席执行官。他们分别是克萨韦尔能源的首席执行官山姆·格雷厄姆，基里尔能源的首席执行官帕梅拉·玛莎·兰杰以及辛加能源的首席执行官沃尔特·怀特。他们的主要目标是就共同投资政府资助的绿色能源项目达成一致意见，包括商定各自公司对其的投资金额。为了激励他们参与项目，政府承诺将提供与项目规模对应的补贴。概括来说，分配给各参与方的额度都相同，包括每种项目的必要投资、盈利以及相应的政府补贴。表 43 对其进行了总结。

表 43 政府推出的各项目的情况

项目	所需投资（克朗）	每年的投资回报率	每年的补贴金额（克朗）
建设地热电站	1 亿~2 亿	20%	0
建设地热电站和风电场	2 亿~5 亿	10%	1000 万
建设地热电站、风电场和太阳能电站	5 亿~10 亿	8.5%	2000 万

秘密须知表明各方愿意为能源周转计划做出最大投资：

• 克萨韦尔能源提供 5 亿克朗。

• 基里尔能源提供 1 亿克朗，如果各方都同意为该项目提供资金，它可以增加到 1.5 亿克朗。

• 辛加能源仅作为支持投资者提供 2 亿克朗资金，但不当主要投资者。

各方都知道自己的最大投资额，但不知道谈判伙伴的可能投资额。

三家能源公司共同拥有可以投入的资源甚至可以实行最大的项目，政府对于该项目的补贴最高，显然对三家公司以及能源转换计划最有利。然而，他们的战略目标是尽量减少各自的投资额，这可能会导致投入的资源总和仅能进行其中一个较小的项目。这在为各方创造最大价值所需的必要资源与最大限度地减少各自贡献的愿望之间造成了一种张力。

这种角色扮演结构结合了价值创造，要实现这种价值创造，得选择不同回报和补贴水平的项目,包括价值索取,这得通过最小化贡献值来实现。

该模拟案例还涉及道德行为,这是谈判伦理的一个重要方面。道德行为是指以符合社会可接受的规则或标准的特定情形下的行为(游戏规则)行事。与受法律管辖的行为(例如,反托拉斯法、卡特尔法)相反,某些情况不受明确的法律准则约束,在这些情况下,道德正确与否,通常是主观判断的问题。因此,谈判中的道德规范是一个敏感话题,将会影响谈判策略和行为。

为了解决这种模棱两可的问题,许多作者都讨论过这个问题。其中费舍尔(Fisher)、尤里(Ury)和巴顿(Patton)在1981年出版的《毫不退让地赢得谈判》一书中提出了关键概念。该书作者提出,谈判者应该做正确的事情,这不是为了更好的潜在谈判结果(尽管它通常会产生更好的结果),而是因为另一方值得尊重。在这方面,如果各方都对谈判结果满意,该结果是可辩护和可持续的,即使对于知情和中立的第三方也是这样,并且普遍原则证明该结果是正确的,那么该道德谈判通常被认为是成功的。

对于许多谈判者而言,谈判期间的道德行为是危险的。他们认为这种行为削弱了谈判力量,比如,为了建立信任去鼓励不必要的信息披露。这样就又返回到了传统的讨价还价对抗状态。事实上,在一些艰难的谈判中,人们还有着这种挥之不去的信念,现在这种信念还继续在商界中存在。不幸的是,在这种情况下,由于为己方谋利的诱惑,人们往往会失去互利共赢的机会。

该模拟通过叙述角色扮演中的各种子问题介绍了这一主题。首先,首席执行官的个人目标可能会影响谈判,导致参与者们陷入道德困境。对于代表克萨韦尔能源首席执行官的谈判代表来说尤其如此,角色要求他们以一种具有争议性的方式，同时满足个人、公司和社会的三重目标。此外，基里尔能源谈判者掌握了机密信息，如果使用这些信息，可能使谈判发生转机。由于基里尔能源的首席执行官在达成协议方面面临着压力，谈判者可能会试图使用这些信息。其次，辛加能源的首席执行官可以利用这次谈判来获得与基里尔能源的另一个商业合作机会，从中获益，而基里尔能源反过来可能会在谈判过程利用与辛加能源合作的机会，为自己谋利。

由于与道德有着千丝万缕的联系，该角色扮演还加入了一个先前问题，该问题对格雷厄姆先生和怀特先生之间的关系产生过负面影响，由此来表明信任的重要性。因为这件事，格雷厄姆先生认为怀特先生对他有过不公正的行为。他目前对怀特先生持有消极和谨慎的态度。这种紧张的关系有可能使谈判复杂化。

在此背景下，谈判者应该始终重视道德和信任的双重重要性，以及如何在此基础上来创造价值。道德行为和信任的行为不应被视为奢侈品，而应视为对未来关系的合理投资。实现该目标的一种方法是，基于价值的言语和行动要保持一致，在创造价值方面发出积极的信号。关键的是，要让对方觉得你有能力不辜负他们的合理信任和期望。

现在，回到谈判结果的问题，表44讨论了各种可能性，并简要描述了每种谈判的可能性。最常见的是达成对大型和中型项目的投资协议，它们带来的利益更大。总投资超过5亿克朗是不太可能的，这只会使利益下降。

对于该角色扮演的表现评估将基于其物质性结果。这得对所有资源进行共同估值，从而可以量化各选项。因此，最终结果体现在各方在获取投资回报（ROI）方面的成绩。在计算投资回报率时，我们综合考虑了选中项目的投资回报率，5年的相应政府补贴，以及购买或出售大坝建设权的额外获利。对于克萨韦尔能源的谈判者,我们还需要将项目的投资回报率与个人奖金结合考虑。为此,我们计算了两者的总分数,根据它们的总和来进行排名。

参考在2014年全球商务谈判挑战赛期间的结果,代表克萨韦尔能源的谈判代表们获得的最佳物质性成果是对中型项目投资6000万克朗,获得个人奖金500万克朗。包括补贴在内,这一结果的投资回报率为83%。平均而言,克萨韦尔能源谈判代表们的投资为2.05亿克朗,投资回报率为32%,平均奖金为380万克朗。

代表基里尔能源的谈判代表们获得的最佳物质性成果是向最大项目投资了8000万克朗,投资回报率为156%,其中包括补贴,以及出售大坝建设权的7500万克朗收入。然而,平均而言,基里尔能源的投资额为1.01亿克朗,投资回报率为93%。

代表辛加能源的谈判代表们获得的最佳物质性成果是向中型项目投资了4000万克朗,其投资回报率为306%,包括补贴,以及用750万克朗的价格购买了价值8000万克朗的建设权。平均而言,辛加能源谈判代表们的投资为1.53亿克朗,投资回报率达到64%。

所有谈判小组最终都达成了协议。

表44 能源转换项目可能带来的结果

结果	描述	谈判情况
最高投资 (8.5亿克朗)	各方完全投入预算金额,基里尔能源的信用额度得到延长。三家公司都获得了福利并为子孙后代的可持续能源生产做出了贡献	各方完全被说服去投资能源转换项目。他们努力获得预期的回报以及最高水平的补贴。他们相互信任,专注于后代的可持续发展。迫于其他人的压力,克萨韦尔能源的首席执行官放弃了他的个人利益

续表

结果	描述	谈判情况
高投资 建设风电场、地热电站和太阳能电站	各方都投资能源转换。基里尔能源和辛加能源投入了大部分预算,克萨韦尔能源承担了其余费用。各方都能从最赚钱的项目中受益	基里尔能源的信贷额度得到延展。克萨韦尔能源可以被说服投入大量资金,为了合作放弃个人利益。得益于各方合作,实现了第二个目标(辛加能源)。各方都收到了最高水平的补贴
中等投资 建设风电场和地热电站	各方都投入一定的投资预算,基里尔能源可能会投入最多。各方能获得一些利益以及得到最低政府补贴金额	至少有两方达成协议。他们努力得到一定的回报和补贴。他们平衡成本、公司收益以及个人利益之间的关系。辛加能源和克萨韦尔能源希望得到回报和补贴,但不想投入太多
低投资 建设地热电站	每一方只投入一小部分预算。更有可能的是,只有两方同意投资。各方不能获利	机会成本或个人利益高于能源转换项目给公司带来的利益。信任基础可能还不够
零投资	各方没有达成一致意见	对于三家公司的机会成本太高。大家彼此不信任以及追求个人利益和目标。格雷厄姆先生渴望获得最高额的奖金。基里尔能源没有找到投资合作伙伴

四、康纳天堂（Connor Paradise）

作者：海科·欣里希斯（Heiko Hinrichs）、多米尼克·康巴奇（Dominik Kanbach）、班杰明·米勒（Benjamin Müller）、蒂蒙·乌博斯卡（Timon Überschär）

指导人：雷米久什·斯莫林斯基

谈判方数量：3　准备时间：30分钟　谈判时间：45~60分钟　复

杂程度：高

教学重点

信息交流，了解共同利益，多边谈判中的关系构建，联盟成立，合作，多边谈判中的价值创造和价值索取策略，信任建立，客观标准，公平，多方谈判。

简要介绍

康纳天堂是一个多方谈判模拟案例，该谈判发生在一个虚构的地中海岛屿上的三个相对孤立的部落之间。由于一场意料之外的高度破坏性海啸，以前繁荣和平静的生活已经结束，社会需要建设大量的各种基础设施，以便在未来更好地保护他们。但是，由于各方的资源有限，只有通过合作以及整合资源才能成功完成这些项目。他们之间几乎没有接触过，存在不信任彼此的问题。谈判者必须熟练地把握自身利益以及合作的需求，以便为各自的部落取得最佳结果。

通用说明

三个部落：A、B和C，他们共同生活在美妙的康纳天堂岛上。该岛位于地中海，岛上300名居民被称为康纳斯。45%的康纳斯生活在康纳天堂岛的南部，属于C部落，35%居住在康纳天堂岛的北部，属于B部落，其余20%的康纳斯居住在康纳天堂岛的东部，属于A部落。

岛上的生活非常美好且平和，此外，气候适宜农业耕种，物产丰富，三个部落之间相互独立。正是因为如此，在过去几十年中，三个部落之间的交流非常有限。部落成员都热爱岛屿，根本无法想象离开岛屿的生活。

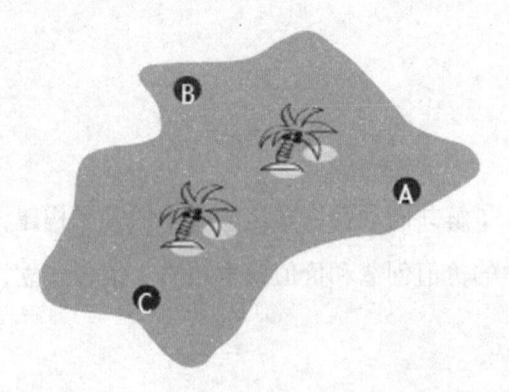

上周一场强大的风暴，也是历史上最严重的风暴，席卷了该岛，严重破坏了各部落的基础设施。许多房屋被毁，大部分农作物被淹，大家都为未来感到烦恼和担忧。他们担心下一场风暴的来临，迫切要求对该岛的基础设施进行极大的改善，特别是与灾害预警和应对相关的基础设施。三个部落的领导人都收集了这些需求，将其归纳为以下八个关键项目：

1. 观望台——观察暴风雨和海啸

2. 消波器——保护康纳天堂岛的海岸

3. 天文观测台——提高预报天气的能力

4. 神庙——祭拜康纳之神

5. 风暴避难所——为未来发生任何风暴而建立的避难所

6. 修复和改善房屋——修复风暴破坏的房屋

7. 仓库——储存食物

8. 提高作物产量——提高农业生产力

每个项目的建设都需要 10 个相互不同的资源单位（表 45）。也就是说，任何特定项目所需的资源都不能用其他项目的资源替代。

表 45　建设关键项目必需的材料

项目	资源	需要数量
观望台	木材	10
消波器	石料	10
天文观测台	望远镜	10
神庙	黄金	10
风暴避难所	钢铁	10
修复和改善房屋	黏土	10
仓库	绝缘材料	10
提高作物产量	肥料	10

风暴过后，各部落领导人清算了剩余的资源。清算之后，领导人都意识到自己没有足够的资源来独立完成这些项目中的任何一项。因此，他们需要找到一种方法来整合他们与其他部落的资源。问题是，每个部落对建设项目的能力不同，期望和要求也不同。此外，由于缺乏资源，每个项目在三个部落中只能建造一次。因此，他们需要就各自的具体责任分配达成一致，以便成功完成尽可能多的项目。

他们已经同意共享资源，但每个部落只能负责各自相应项目的建设。实际上，由于这种责任带来的控制权（例如，在自己的领地上定位项目、根据自己的需要建设项目等），负责建设项目可以带来最高的回报。因此，领导者的目标是尽可能多地获得集体同意己方建设项目的数量，以此来最大化其部落的利益（得分）。但是，如果部落未能获得建造项目的许可，则在谈判中需要考虑其他因素。这些包括，另一个部落建造的项目是否会对己方产生有益或有害的影响。

下面的概述说明，部落取得的分数由就每个项目达成的协议决定：

- 获得其他部落同意建设项目的，部落得 10 分。

- 可以从另一个部落建设的项目中获益的，部落得 5 分。
- 从其他部落建设的项目中既没得到好处也没坏处的，部落得 0 分。
- 受到另一个部落建设项目的负面影响的，部落得 -5 分。

最后，三个部落可能达不成协议，或没有足够的资源来完成所有项目。不论什么原因，无法完成一项特定项目，则三个部落都将减 3 分。不能用于其他项目的剩余资源，将毫无价值。

在即将召开的会议上，部落领导人聚集在一起讨论资源共享问题，并确定各个部落的建设项目。领导者的目标是使其部落的得分最多。

A 部落的秘密说明

你是 A 部落的民选领袖。你的部落居住在康纳天堂岛的东部，以其美味的特色海鲜而闻名。部落居民非常虔诚，崇拜康纳之神，遵循他的教义，也就是康纳教。该教义中最重要的一条就是贴近自然，学会识别它的预兆。对自己掌握的天文学知识非常自豪。

长老会以及部落的所有成员都非常详细地对这八个项目进行了讨论，并就每个项目详尽地发表了自己的看法。当然，你希望尽可能多地建设八个项目，以保证满足你方所有的需求。以下是对每个项目的意见摘要：

观望台——上次风暴没有伴随着海啸，但康纳天堂岛过去一直受到海啸的影响。因此，你想在下一次海啸袭击该岛之前做好充分准备。最大的海啸通常来自东部，你的部落认为建设这个观望台非常重要。如果让 B 部落建设观望台无疑是最不好的，因为你的部落认为 B 部落没有足够的知识和经验来正确识别海啸，这可能使所有人遭受灾难，反之也会带来许多恼人的错误情报。虽然 C 部落更可靠一些，但他们居住在岛屿的南侧，只能观察你方海岸的一部分。

消波器——你们一致同意消波器系统对岛屿非常有用，特别应当由你方部落建造，来保护部落的房屋。B部落计划只建造能保护自己领土的消波器，如果让他们建造消波器的话，对你方没有益处。然而，C部落提出建造的消波器也能保护你方的房屋，让他们建造消波器，你们也可以从中受益。

天文观测台——你们认为通过分析主要天体的位置以及运动将有助于预测即将发生的天气变化。你也明白部落有足够的知识和经验来建造天文观测台。你估计天文台不是B部落的首要需求，但你知道他们过去曾经有过这方面的经验。据你所知，C部落对天文台的兴趣不大。

神庙——由于宗教是部落文化中非常重要的一部分，你们相信寺庙将有助于增进与康纳神的精神联系，可以减少自然灾害的频率。你听说B部落也信神，并且他们的信仰与康纳教相似。你不清楚C部落是否也信神，是否有兴趣建造寺庙。

风暴避难所——由于上周风暴造成的灾难，为康纳天堂岛的所有人建造一个避难所势在必行，以免未来再发生任何灾害。你估计其他部落会将避难所建设在自己的领土附近，并希望自己能建造它。事实上，如果不能自己建设这个项目，你方将得不到任何好处。

修缮和改善住房——住房是每个部落未来财富和幸福的基础。你的部落拥有扎实的技术和施工技能，因此你非常愿意并希望其他部落能同意由你方来完成这个项目。你坚信只有你的部落才能保证房屋得到妥善的修复和改善。如果将这个项目分配给C部落，他们可能会只改善自己的住房情况。虽然B部落没有这样做的风险，但与此同时，你并不希望以这种方式从这个项目中受益。

仓库——你的部落目前有足够的食物供应。因为你部落的每个成员经常因宗教原因禁食，食用的食物较少。尽管如此，你仍然认为需要确保在需要时有充足的食物供应，为未来可能发生的风暴做好准备。理想情况下，你希望部落能够建设和控制仓库。事实上，你没有与其他部落进行过交易，不确定自己是否能信任并依靠他们来供应食物。然而，B部落曾私下承诺过，如果让他们建造这个项目，他们将分享所有收集的食物。让C部落建造仓库，可能会使仓库位于你方领土附近，这样你们就可以快速得到食物供应。

提高作物产量——为了补充风暴中失去的食物，并为未来的人口增长做准备，你们迫切需要提高作物产量。你部落的长老们已经指出，让其他部落进行这个项目不会为你方部落带来任何额外的好处。

下面的评分表（表46）总结了你对所有项目的战略性偏好。极有可能其他两个部落的领导人并不了解这一情况。你不确定你方的偏好与其他部落的偏好是否有重叠，所以你已准备好进行长时间的高强度谈判。在此期间无论讨论了什么或者最终的谈判结果是怎样的，都不能改变评分表中描述的偏好。

表46　A部落的战略偏好

项目	如果项目分配给A部落的各方得分情况：（以下是不同部落承担工程，A的偏好情况）		
	A	B	C
观望台	10	−5	5
消波器	10	0	5
天文观测台	10	5	0
神庙	10	5	0
风暴避难所	10	0	0
修缮和改善住房	10	0	−5
仓库	10	5	5
提高作物产量	10	0	0

表47是你方资源的总体情况。

表47　A部落拥有的资源

项目	资源	拥有数量
观望台	木材	6
消波器	石料	2
天文观测台	望远镜	6
神庙	黄金	6
风暴避难所	钢铁	2
修缮和改善住房	黏土	1
仓库	绝缘材料	0
提高作物产量	肥料	2

任何特定项目中未能使用的资源都不能用于完成其他项目。

你即将会见B部落和C部落的领导人。因为风暴的破坏,你很清楚部落没有足够的资源来单独完成这些项目。因此,你需要与其他部落整合资源,决定项目的建设,并共同决定最适合建造各个项目的部落。

因此,在即将进行的谈判中,你的目标以及评估标准是:

• 根据所有部落领导者承诺的资源数量,商议要建造的项目。

• 协商每个项目由哪个部落建造。请记住,每个项目只能由一个部落单独建造。

• 你的表现只能通过上述评分表中的分数来进行衡量。

• 请记住,即将到来的谈判中,唯一目标就是为你的部落获得最好的谈判结果(最高分)。

祝你好运!

B 部落的秘密说明

你是 B 部落的民选领导人，部落居住在康纳天堂岛的北部，以出色的工艺技能而闻名。他们都是伟大的逻辑思想家和优秀的建筑工人。

你和长老会以及部落的所有成员都详细地讨论了这八个项目，并就每个项目详尽地发表了看法。当然，你希望尽可能多地建设八个项目，以保证满足你方所有的需求。以下是对每个项目的看法摘要：

观望台——上次风暴没有伴随着海啸，但康纳天堂岛过去一直受到海啸的影响。因此，你想在下一次海啸袭击该岛之前做好准备。因此，你的部落商议决定造一个观望台。虽然部落的人认为你部落的海啸专家会做得更好，但他们也承认部落 C 也能正确识别海啸。由于岛屿的地形，如果让部落 A 建造观望台，将不会给你们带来任何好处。

消波器——你们部落都肯定消波器对岛屿的作用，如果由你们部落建设，就能很好地保护部落房屋。你的部落位于康纳天堂岛的北部，如果由部落 A 或部落 C 建造，对你们来说是不利的。

天文观测台——你们认为通过分析主要天体的位置以及运动，天文观测有助于预测即将发生的天气变化。你也明白部落有足够的知识和经验来建造天文观测台。部落长老们还记得很久以前的一件事，部落 A 根据天文观测，曾经做出过错误的灾难性的天气预报，并在岛上引起了严重的恐慌。部落 A 仍然认为自己是天文学专家，但是你的部落和部落 C 都不再相信部落 A 能胜任天文观测这一任务。而且据你所知，部落 C 对天文学的兴趣不大。

神庙——由于宗教是你部落文化中非常重要的一部分，你们相信神庙将有助于增进与康纳神的精神联系，这可以减少自然灾害的频率。你听说 A 部落也信神，并且他们的信仰与康纳教相似。然而，C 部落崇拜康纳神的方式完全不同，这可能会让康纳神不高兴。因此，让 C 部落建造神庙，可能会惹怒康纳神，适得其反。你对此感到害怕。

风暴避难所——由于上周风暴带来的教训，为康纳天堂岛的所有人建造一个避难所在所难免，这样未来发生这样的灾难时，所有人都能找到避难之处。你认为 A 部落只会为自己建造避难所，如果让他们建造这个项目，你们部落就不会获得任何好处。C 部落的领导告诉你，他们正考虑在紧急情况下与你方分享避难所。然而在暴风雨来临之前，你的部落需要一些时间才能到达 C 部落建造的避难所，因此，让 C 部落建造避难所，还不如你们自己建造。

修缮和改善住房——住房是每个部落未来财富和幸福的基础。你的部落拥有扎实的技术和施工技能，因此，你非常希望其他部落能同意由你方来完成这个项目，并坚信只有你的部落才能保证房屋得到妥善的修复和改善。你担心如果将这个项目分配给 C 部落，他们可能只会改善他们自己的住房情况。A 部落没有这样做的风险，有可能会帮助你们快速有效地修复和改善房屋。

仓库——你的部落目前有足够的食物供应。因为部落成员经常因宗教原因禁食，食用的食物较少。尽管如此，你仍然认为需要确保在需要时有充足食物供应，为未来可能的风暴做好准备。理想情况下，你希望部落能够建设和控制仓库。事实上，你没有与其他部落进行过交易，所以你不知道自己能否信任并依靠他们来供应食物。然而，A 部落曾私下承诺过，如果让他们建造这个项目，他们将分享所有收集的食物。

提高作物产量——你认为为了补充风暴中失去的食物，为未来的人口增长做准备，你们迫切需要提高作物产量。你的部落长老已经指出，让其他部落进行这个项目不会为你方部落带来任何额外的好处。

下面的评分表（表 48）总结了你对所有项目的战略性偏好。极有可能其他两个部落的领导人并不了解这一情况。你不确定你方的偏好与其他部落的偏好是否有重叠，所以你已准备好进行长时间的高强度谈判。在此期间无论讨论了什么或者最终的谈判结果是怎样的，都不能改变评分表中描述的偏好。

表 48　B 部落的战略偏好

项目	如果项目分配给 B 部落的各方得分情况：（以下是不同部落承担工程，B 的偏好情况）		
	A	B	C
观望台	0	10	5
消波器	0	10	0
天文观测台	−5	10	0
神庙	5	10	−5
风暴避难所	0	10	5
修缮和改善住房	5	10	−5
仓库	5	10	0
提高作物产量	0	10	0

表 49 是你方资源的总体情况。

表 49　B 部落拥有的资源

项目	资源	拥有数量
观望台	木材	4
消波器	石料	6
天文观测台	望远镜	2
神庙	黄金	5
风暴避难所	钢铁	5
修缮和改善住房	黏土	4
仓库	绝缘材料	3
提高作物产量	肥料	3

任何特定项目中未能使用的资源都不能用于完成其他项目。

你即将会见A部落和C部落的领导。因为风暴的破坏,你很清楚部落没有足够的资源来单独完成这些项目。因此,你需要与其他部落整合资源,决定建设哪些项目,并共同决定每个项目最适合由哪个部落建造。

因此,你即将进行的谈判的目标以及评估标准是:

• 根据所有部落领导者承诺的资源数量,商议需要可以建造的项目。

• 协商每个项目由哪个部落建造。请记住,每个项目只能由一个部落单独建造。

• 你的表现只能通过上述评分表中的分数来进行衡量。

• 请记住,即将到来的谈判中,你的唯一目标就是为你的部落获得最好的谈判结果(最高分)。

祝你好运!

C部落的秘密说明

你是C部落的民选领导。部落居住在康纳天堂岛的南部,以出色的美食和高食物消耗量而闻名。部落成员在储存和准备食物方面有着专业的知识。许多都是高度重视原材料质量的优秀厨师。因此,多年来,部落成了精通农业的组织。

长老会以及部落成员都非常详细地对这八个项目进行了讨论,并就每个项目详尽地发表了看法。当然,你希望负责建设尽可能多的项目,以保证满足你方所有的需求。以下是对每个项目的看法摘要:

观望台——上次风暴没有伴随着海啸,但康纳天堂岛过去一直受到海啸的影响。因此,你的部落要求建造一个观望台,在下一次海啸袭击该岛之前做好准备。如果让 B 部落建设观望台无疑是不好的，因为你的部落认为 B 部落没有足够的知识和经验来正确识别海啸，他们也会带来许多恼人的错误情报，甚至可能使所有人遭受灾难。由于岛屿的地形，由 A 部落建造观望台，不会给你们带来任何好处。

消波器——你们一致同意消波器系统对岛屿非常有用，特别是由你的部落建造，可以保护部落房屋。A 部落计划只建造能保护自己领土的消波器，如果让他们建造削波器，对你方没有好处。B 部落提出建造能保护你方房屋的消波器，如果他们建造消波器，你们也可以从中受益。

天文观测台——你们认为天文观测台将通过分析主要天体的位置和运动来预测即将到来的天气变化。你觉得你的部落有足够的知识和经验来建造天文观测台。你估计天文台不是 B 部落此刻的首要需求，但你知道 B 部落的成员过去曾经有过这方面的经验。关于 A 部落，你的部落长老还记得很久以前的一件事，A 部落根据天文观测，曾经做出过灾难性的天气预报，在岛上引起了严重的恐慌。A 部落仍然认为自己是天文学专家，但是你的部落和 B 部落都不再相信 A 部落能胜任天文观测这一任务。

神庙——由于宗教是你部落文化中重要的一部分，你们相信神庙将有助于增进与康纳神的精神联系，这可以减少自然灾害的频率。你不知道 A 部落和 B 部落是否与你有相同的宗教信仰，是否有兴趣建造寺庙。

风暴避难所——由于上周风暴造成的灾难，为康纳天堂岛建造一个避难所势在必行，这样未来发生这样的灾难时，所有人都能找到避难之处。你料想到 B 部落只会为自己建造避难所，如果让他们建造这个项目，你们不会从中受益。你怀疑 A 部落仍在使用老旧的低效炼钢技术，如果让他们建造避难所，可能会浪费宝贵的资源，对环境造成破坏。

修缮和改善住房——住房是每个部落未来财富和幸福的基础。你的部落拥有扎实的技术和施工技能，你非常愿意并希望其他部落能同意由你方来完成这个项目。你坚信只有你的部落才能保证房屋得到妥善的修复和改善。如果将这个项目分配给 A 部落，他们非常有可能会帮助你们快速有效地修复和改善房屋。如果让 B 部落建设这个项目你看不到任何好处，但也没预想到任何坏处。

仓库——你的部落目前有足够的食物供应。部落成员都有因为宗教原因而定期禁食的情况，因此可食用的食物较少。尽管如此，你仍然认为需要为未来可能的风暴做好准备，确保在需要时有充足的食物供应。理想情况下，你希望你的部落能够建设和控制仓库。事实上，你没有与其他部落进行过交易，所以你不确定自己能否信任并依靠他们来供应食物。此外，你担心让 B 部落建造仓库，会导致仓库位于离你部落最远的一端岛屿，这会增加你部落获得食物供应所需的跋涉距离和时间。

提高作物产量——为了补充风暴中失去的食物，为未来的人口增长做准备，你们迫切需要提高作物产量。你的部落长老已经指出，让其他部落进行这个项目不会为你方部落带来任何额外的好处。

下面的评分表（表50）总结了你对所有项目的战略性偏好。极有可能其他两个部落的领导并不了解这一情况。你不确定你方的偏好与其他部落的偏好是否一致，所以你已准备好进行长时间的高强度谈判。无论在此谈判期间讨论了什么或达成了哪些一致意见，都不能改变评分表中描述的偏好。

表50　C 部落的战略偏好

项目	如果项目分配给 C 部落的各方得分情况：(以下是不同部落承担工程，C 的偏好情况)		
	A	B	C
观望台	0	-5	10
消波器	0	5	10

续表

项目	如果项目分配给C部落的各方得分情况：（以下是不同部落承担工程，C的偏好情况）		
	A	B	C
天文观测台	-5	5	10
神庙	0	0	10
风暴避难所	-5	0	10
修缮和改善住房	5	0	10
仓库	0	-5	10
提高作物产量	0	0	10

表51是你方资源的总体情况。

表51 C部落拥有的资源

项目	资源	拥有的数量
观望台	木材	1
消波器	石料	5
天文观测台	望远镜	2
神庙	黄金	1
风暴避难所	钢铁	4
修缮和改善住房	黏土	6
仓库	绝缘材料	7
提高作物产量	肥料	4

任何特定项目中未能使用的资源都不能用于完成其他项目。

你即将会见A部落和B部落的领导。你很清楚风暴造成的破坏，使你没有足够的资源来单独完成这些项目。因此，你需要与其他部落整合资源决定建设的项目，并共同决定每个项目最适合由哪个部落建造。

因此，在即将进行的谈判中，你的目标以及评估标准是：

- 根据所有部落领导承诺的资源数量，决定可以建造的项目。

- 协商每个项目由哪个部落建造。请记住,每个项目只能由一个部落单独建造。
- 你的表现只能通过上述评分表中的分数来进行衡量。
- 请记住,即将到来的谈判中,你的唯一目标就是为部落获得最好的谈判结果(最高分)。

祝你好运!

总结报告

康纳天堂岛是一场可评分的,有三方参与的整合式谈判角色扮演案例,是为2013年在希腊雅典举行的全球商务谈判挑战赛而撰写的,这用在希腊美国学院的ALBA研究生商学院举行的首轮比赛中。它适用于在多方谈判的情况下练习价值创造和价值索取技能。

谈判人员代表的是三个虚构的部落(A、B和C),他们是岛上唯一的居民,要求就八个关键基础设施项目的建设责任的分配问题进行讨论。这些项目包括:

1. 观望台——提防暴风雨和海啸
2. 消波器——保护康纳天堂岛的海岸
3. 天文观测台——提高预报天气的能力
4. 寺庙——祭拜康纳之神
5. 风暴避难所——为未来发生任何风暴而建立的避难所
6. 修复和改善房屋——修复风暴破坏的房屋
7. 仓库——储存食物
8. 提高作物产量——提高农业生产力

由于各方的偏好不同,他们对谈判对象的估价也不同。理解和利用这些差异将使他们有机会共同创造价值。然而,这并不简单。康纳天堂岛为谈判者提出了一系列挑战。与所有多方谈判一样，多加一个谈判方明显增加了价值创造过程的复杂性。例如，谈判者需要建立足够的信任，以便与另外两方分享关于己方偏好的敏感信息。这使得识别增值选项的过程变得更加复杂，效率更低。这尤其困难，在高度竞争的背景下，可能会使谈判者不关心价值创造，而更多地关注价值索取问题。这样就不能达成最佳的协议，不能使创造的价值最大化。

每个项目都需要10个单位的特定资源才能成功完成。每个部落的机密指令都只告诉了他们所拥有的资源。表52总结了所有部落的资源拥有情况。

表52 完成项目必需的资源以及它们在各部落的分配情况

项目	资源	A	B	C
观望台	木材	6	4	1
消波器	石料	2	6	5
天文观测台	望远镜	6	2	2
神庙	黄金	6	5	1
风暴避难所	钢铁	2	5	4
修缮和改善住房	黏土	1	4	6
仓库	仓库	0	3	7
提高作物产量	肥料	2	3	4

快速浏览表格后，可以发现，除了提高作物产量的最后一个项目，其他所有项目都可以完成。在这里，所有部落总共只有9个单位的肥料，这比所需要的10个单位的量少。关于其他项目，他们必须贡献几乎所有的资源，才能成功完成所有建设项目。任何一方都没有足够的资源来独立完成一个项目。因此，要为所有部落创造价值，合作是必要的。

资源是共享的，但每个项目只能由一个部落构建。每个部落都有自己的战略利益，自建项目获得的利益最高，因此要尽可能多地建设项目。如果项目由其他部落建造，那么收益会有所不同。以下评分系统对这些益处进行了量化：

- 获得其他部落同意建设项目的，部落得 10 分。
- 可以从另一个部落建设的项目中获益的，部落得 5 分。
- 从其他部落建设的项目中既没得到好处也没坏处的，部落得 0 分。
- 受到另一个部落建设项目的负面影响的，部落得 -5 分。
- 如果无法完成建造一项特定项目，则三个部落都减 3 分。

每个谈判方的机密指示都包括他们根据项目的分配情况获得的确切分数。表 53 总结了三方的情况，使得我们能在"给定"特定项目分配的情况下确定各方的得分。

显而易见，如果每个项目都由使三方共同受益的部落建造，那么就可以实现帕累托有效分配。表 54 总结了这些信息，使我们能够轻松识别哪些项目分配是帕累托有效分配（为方便起见，我们以粗体标记）：

1. 观望台——分配给部落 C，所有部落可得 20 分，分配给部落 A 得 10 分，部落 B 得 0 分。

2. 消波器——分配给部落 B 或 C，可得 15 分。

3. 天文观测台——分配给部落 B，可得 20 分。

4. 神庙——分配给部落 A 或 B，可得 15 分。

5. 风暴避难所——分配给部落 C，可得 15 分。

6. 修复和改善房屋——分配给部落 A，可得 20 分。

7. 仓库——分配给部落 A 或 C，可得 15 分。

8. 提高作物产量——没有足够的资源来完成该项目，这意味着要减9分。

照这样分配，各方可总共获得111分。对于这种角色扮演来说，具有挑战性的是，要实现帕累托有效分配，各参与方都必须与其他方合作，保持观点的一致性，通过不断意识到问题之间的联系来最大化所有团队的利益，并且在他们认为己方特别擅长或具有天然优势的问题上保持灵活性。例如，表54所示，任何单个项目的最佳分配通常是将其分配给拥有完成它所需的资源很少的一方。然而，直觉和自我可以使人忽视这一点。放弃强硬的谈判立场，不争取项目，反而同意将其分配给资源较少的一方，这似乎是一个糟糕的决定。事实并非总是如此。为了应对这种风险，谈判者必须采取更加开放的合作态度，重点关注所有人的利益来解决问题。事实上，这在此角色扮演中尤其重要。部落之间相互依赖，获取资源，同时缺乏具有吸引力的BATNA（谈判协议的最佳替代方案）。

一开始，这个角色扮演似乎是一个分配式谈判。

这可能会使谈判者倾向于采用讨价还价的策略，以获得所谓固定数量资源的最大份额。的确，各方很可能使用这样的策略来进行这一谈判，但这会导致表中的许多价值都不能被创造出来。这样谈判的得分肯定会低于那些发掘此类谈判综合潜力的谈判人员。

因此，更可取的是采用综合方法，首先探讨其他谈判者的利益，然后共同寻求价值最大化的分配方案。这种情况下，谈判者会发现各项目的分配可以联系起来，只要灵活对待自己的初始选择，就能创造共同的收益。要实现这一目标，需要各方有建立关系和建立信任的能力。

在建立关系和发展信任时，各方必须意识到存在欺骗的风险。像康纳天堂岛这样的谈判中，各方对彼此的偏好和资源都不完全了解，这会诱使人们窜改信息，以获得更多的利益，使得已经很复杂的（多方和多问题）情况变得更加复杂。如果发生这种情况并被揭露，各方关系肯定会受到损害。此外，它不仅会对现实生活中的谈判产生深远的负面影响，而且在这个角色扮演中也可能导致不良的结果。

价值创造是实现帕累托效率最大化的重要推动力，但也不能忽视价值索取对每个团队获得高分来说同等重要。也就是说，综合各方的价值创造和价值索取技能，帕累托效率最大化可以使 A 部落得分在 27~42 分，B 部落得分在 27~47 分，C 部落得分在 32~42 分。换句话说，帕累托效率最大化本身并不能保证每个谈判者都能获得很好的结果。随着三个团队利益总和的增加，各方谈判人员都应该坚持获取己方的公平份额。也就是说，多边谈判的最终目标是最大限度地提高己方利益，所以各方通过提高价值创造和价值索取来使自己脱颖而出。结合使用这两种技能的谈判方将获得胜利。

作为参考，在 2013 年的全球商务谈判挑战赛期间，有四个小组设法确定并同意达成帕累托最优分配，只有两个小组的各方谈判者得分相同。本轮谈判结束时，所有谈判代表都达成了协议。

代表 A 部落的谈判者获得的最佳实质性成果是 42 分（两个小组），但最终的项目分配不是帕累托有效分配（总分分别为 96 和 101）。A 部落的谈判代表们平均得分为 33 分，最低得分为 22 分。

代表 B 部落的谈判者获得的最佳实质性成果是 47 分，最终的项目分配是帕累托效率分配。B 部落谈判代表们平均获得 34 分，最低分为 27 分。

代表 C 部落的谈判者获得的最佳实质性成果是 42 分（两个小组），最终的项目分配是帕累托效率分配（111 分）。部落 C 谈判代表们平均获得 31 分，最低分为 22 分。

作为此次解说的尾注，很明显，此角色扮演的成绩评估是基于实质性的结果。这是通过使用共同估值（受益得分）对项目分配的偏好选项进行量化实现的。不幸的是，此次估值实质依据是将此谈判视为短期性的谈判。由于各部落需要在小岛上无限期地继续和平相处，未来的合作十分必要，因此长期的打算会更加现实。在这种情况下，衡量谈判给各方的关系带来的结果也是有用的。

出于管理原因，我们决定在 2013 年的全球商务谈判挑战赛期间不这样做，但可以通过使用简化版的 SVI 来调查谈判给各方关系带来的影响。在这种情况下，各方都需要对谈判伙伴分别进行评估。这些关系变量都要以不同于实质变量的单位表示，因此需要对它们进行标准化处理（z 分数），并累加以获得各方的总分数，总计其成绩（实质性结果和关系性结果）。

表 53　不同项目分配情况下的各方得分情况

项目	如果项目分配给 A 部落的各方得分情况：			如果项目分配给 B 部落的各方得分情况：			如果项目分配给 C 部落的各方得分情况：		
	A	B	C	A	B	C	A	B	C
观望台	10	-5	5	0	10	5	0	-5	10
消波器	10	0	5	0	10	0	0	5	10
天文观测台	10	5	0	-5	10	0	-5	5	10
神庙	10	5	0	5	10	-5	0	0	10
风暴避难所	10	0	0	0	10	5	-5	0	10
修缮和改善住房	10	0	-5	5	10	-5	5	0	10
仓库	10	5	5	5	10	0	0	-5	10
提高作物产量	10	0	0	0	10	0	0	0	10

表 54 根据帕雷托有效分配（标粗）进行不同项目分配情况下的各方得分情况

项目	如果项目分配给A部落的各方得分情况：			如果项目分配给B部落的各方得分情况：			如果项目分配给C部落的各方得分情况：		
	A	B	C	A	B	C	A	B	C
观望台	10	0	0	−5	10	−5	**5**	**5**	**10**
消波器	10	0	0	**0**	**10**	**5**	5	0	10
天文观测台	10	−5	−5	**5**	**10**	**5**	0	0	10
神庙	**10**	**5**	**0**	5	10	0	0	−5	10
风暴避难所	10	0	−5	0	10	0	**0**	**5**	**10**
修缮和改善住房	**10**	**5**	**5**	0	10	0	−5	−5	10
仓库	**10**	**5**	**0**	5	10	−5	**5**	**0**	**10**
提高作物产量	10	0	0	0	10	0	0	0	10

231

第四章 模拟谈判之外

通过给学生提供在国际环境中来比较谈判技能并检查其谈判效果这样独特的机会，谈判比赛已成为谈判教学的重要组成部分。这些比赛对于世界各地想要成为顶尖谈判人员的研究生们来说，是极具吸引力的活动。

本书中的模拟谈判案例已经在全球商务谈判挑战赛中使用并检验过，因此研究这些案例可以让参赛人员更好地达到在谈判比赛中预期的效果。我们鼓励谈判教学和指导教师在教学中或是进行团队准备时使用这些模拟案例。

运用我们的角色扮演谈判模拟案例来练习谈判技巧，对于顺利参与谈判比赛至关重要，但不能决定一切。根据在世界各地组织和评判谈判竞赛的经验，我们还提出了七项建议，希望能够在申请比赛过程中帮助参赛学生，同时，对他们在谈判竞赛的准备和参与过程中有所帮助。

一、让教师和教练参与其中

举办全球商务谈判挑战赛已经很多年了，越来越多的参赛队伍都由教师或教练陪同参赛。他们的指导在很多方面都发挥着宝贵的作用，我们很高兴看到这一点，也鼎力支持他们的参与。对于他们自己的团队，这些好处包括协助赛前挑选团队成员以及帮助他们进行准备活动。同时还包括在比赛期间为团队提供建议。凭借其外部客观的视角，他们可以为团队提供有价值的见解，帮助他们调整自己的表现。教师和教练也可以积累团队在连续比赛中的经验，并将其融入自己的教学当中。然而，教练并不仅仅给自己的团队带来价值，还与其他参赛团队和活动组织者分享经验以及进行反馈，提高了比赛的质量。在每场比赛开始之前，我们会为随行的教师和教练组织一次特别研讨活动。非常高兴看到越来越多的谈判学者和从业者参加"全球商务谈判挑战赛"。

二、举行内部谈判比赛，选出强队

"全球商务谈判挑战赛"的组织者们以浓厚的热情，通过邀请最优秀的参赛团队，切实提高比赛质量。为了提高竞争力，决定录取的标准之一就是，申请团队是否已经得到其所在学校的认可，是否通过内部竞赛挑选出来的。基于我们的经验，通过内部比赛（主要是小型内部谈判竞赛）挑选团队，比仅根据申请表选择团队的更好。全球商务谈判挑战赛过去的成绩数据就很好的证明了这一观点。因此，我们鼓励申请人员及其教师或教练使用本书中包含的谈判模拟案例来进行内部谈判竞赛，以确定参加全球商务谈判挑战赛的最佳团队。

许多谈判比赛还包括拆分个人赛这一个环节，在拆分个人赛中，团队被分开，每个团队成员都要自己单独进行谈判。因此，除了建立强大的职能团队外，每个谈判者都必须能够独自应对挑战。正如前面章节中所述，个人赛包括测试参与者结合使用价值创造和价值索取技能的谈判模拟。团队的一些特长可能在比赛期间会有所帮助，但团队在个人赛的表现成绩是其成员个人得分的总和。总之，学校的内部谈判赛对其选择代表学校参加全球商务谈判挑战赛的团队成员非常有用。

三、用你的热情给主办方留下印象

2007年开始组织全球商务谈判挑战赛时，我们的目标是将其打造成一个让热爱谈判的学生可以分享和对比谈判技能的平台。经过10年激动人心和有趣的比赛，这个目标已经基本实现了。然而，我们现在面临的是一些人口中所谓的"好问题"。也就是说，随着比赛越来越普及，吸引了许多热情和成熟的团队，申请流程变得非常具有竞争力。我们面临的挑战是在众多申请团队中选出最好的团队，以便持续提高竞赛的水平和质量。不幸的是，在比赛前，全球商务谈判挑战赛批审委员会不可能直接对申请团队的整体能力进行测试。因此，必须依赖申请表中显示的，本书开头概述的关键标准来帮助我们确定最佳候选人。

有一点特别重要，那就是对谈判的热爱。如果团队要脱颖而出，申请表要展示团队的谈判知识和经验，而且我们希望看到这些知识和经验能够展示团队对于谈判的热爱。这方面的证明可能包括，参加有关任何谈判或解决冲突的课程或研讨会，或者是参加谈判竞赛或任何其他课外活动（如专注于谈判相关主题的学生兴趣团体）。最后，还可能包括在实习或全职工作期间，进行的任何实际的商业和法律谈判。总之，重要的是证明参与者对谈判的热爱。

四、提高你的谈判智商

通过与参赛者的无数次讨论，我们认为，正确的准备工作对于在谈判挑战赛中的表现至关重要。对于许多人来说，这项准备工作始于10月，冬季学期开始后参加的谈判课程。这些课程对于谈判学习者是非常好的起点，他们可以在这里发展和实践自己的谈判才能，不仅学到了大量的谈判技巧，还可以在情境中运用它们。

第四章 模拟谈判之外

尽管这些课程很重要，但它们可能不足以让参加（如全球商务谈判挑战赛等）国际水平谈判竞赛的潜在选手做好充分的准备。因此，我们还建议使用本书中的角色扮演模拟谈判案例来扩展学习，进一步提高参与者的谈判能力。用这些经过竞赛检验的角色扮演案例进行反复练习，将有助于培养谈判者的敏感性和直觉，让他们能正确判断自己面临的谈判类型，知道如何有效地解决它。为了支持这一学习过程，本书在每个角色扮演结束时都提供了总结报告，提供了重要的学习见解，例如关于最佳解决方案的讨论。这些报告还提供了以前举办的全球商务谈判挑战赛的结果作为参照，提高了将团队绩效与实际竞争环境中获得的绩效进行比较和校准的能力。

五、准备好进行紧张且富有激情的比赛

与在全球商务谈判课程和实践讨论中的情绪相比，有时候我们惊奇地观察到，在全球商务谈判挑战赛中选手们的情绪更加强烈。这当然是可以理解的，虽然没有一百万美元的奖金，但他们却可以赢得声望和尊重。对于像全球商务谈判挑战赛选手们那样热衷于谈判的参赛者来说，这种情绪似乎是被放大了。

竞赛的总体氛围和团队之间的关系始终是友好的，但参赛者必须为这样激烈、情绪化的环境做好准备，尤其是谈判可能对参赛者之间的关系造成影响。从积极的角度来看，这种情绪化可以解释为诚实的标志，如果是以他人认为的积极的方式表现出来，或以支持非对抗性或非侵略性谈判的方式展示出来的话。确实，富有感情的团队非常受其他参与者的欢迎，可以增强团队的能力。然而，情绪也可能是一种损害。在过去的比赛中，我们观察到，高度情绪化的团队通常最终会得到较差的实质性成绩。他们经常陷入僵局，争论谁对谁错，或者长时间在异议上进行

毫无价值的争论，最终时间到了，却没有达成协议。

出于这两个原因，我们建议团队在准备过程中，加入调节自己及谈判伙伴情绪的方法。

六、树立良好的声誉，不违背道德准则

前期全球商务谈判挑战赛获胜者曾告诉我们，除了赢得比赛的自豪感，以及随后其他团队的祝贺之外，引以为傲的是自己的团队被认可是通过合作的、审慎的和包容性的谈判方式获胜的。的确，在那场比赛上，团队在被宣布为胜利者之后，大家起立鼓掌，不仅是因为他们赢得了比赛，还因为他们极具道德的谈判风格。

在全球商务谈判挑战赛的课程中，参与团队展示了许多谈判方法，例如态度、策略和战术，它们是建立在各种理念之上，从基于"双赢"原则的方法到权谋之计都有，用尽一切方法追求胜利。不管是上述的建立在诚信、公平以及合作原则上的谈判，或是建立在不信任和欺骗基础上的谈判，有趣的是：我们很快就能从其他参赛者口中知道团队的名声。

值得注意的是，这两种类型都会影响比赛期间的谈判状况，从而影响团队的表现。毫无疑问，负面名声的影响似乎更强大，更持久，因为受此行为影响的团队会告知其他团队，并警告他们要小心谨慎，不要重蹈覆辙。

作为全球商务谈判挑战赛的组织者和评委，我们确实将道德规范纳入了绩效评估中，它符合此竞赛的教学使命，明确表明了我们对谈判冠军的期望。

七、分享经验，加以传承

参加全球商务谈判挑战赛是一种特殊的体验。重要的是，不要将其仅视为一次性事件，相反，它代表着旨在提高谈判技巧和教学水平的一系列重要活动。当受到鼓舞和激励的参赛者回到学校后，与同学分享在全球商务谈判挑战赛的经验时，这种持续性影响就开始了。然后，这种口碑的传递有利于加强学校谈判挑战赛组织者的影响力。

当然，对于学校来说，比赛期间获得的经验在完善下一年赛事的准备工作中起着非常宝贵的作用，无论是对于回归队继续参与比赛，还是他们作为教练或陪练为学校筹备新团队，都起着重要的作用。在这两种情况下，我们都注意到保持这种连续性的学校通常表现突出，最终排名靠前。

谈判挑战赛也从其杰出的校友网络中受益，这些校友仍然参与组织，包括赞助和评判未来的比赛。在这方面，我们明确鼓励所有全球商务谈判挑战赛参与者都加入我们的社交媒体网络，帮助我们为未来的比赛招募更多优秀的学生谈判人员，并以任何方式支持我们继续办好大赛。

全球商务谈判挑战赛

与伟大的谈判一样，本书的编写也是一个协作的过程。本着这种合作精神，我们始终接受读者关于如何改进此书的有益反馈。因此，无论是最小的拼写或语法错误，还是结构的改进，都请将您的反馈发送至：book@ thenegotiationchallenge. org.（英文原版联系邮箱） 1633766986@qq. com（中文翻译版联系邮箱）

全国大学生商务谈判大赛

热爱谈判的师生可以与我们一起交流，请浏览全国大学生商务谈判大赛（中文赛）官网 http：//www.negotiationchina.com

国际大学生商务谈判大赛（英文赛）官网 http：//www.negotiation-contest.com/